【改訂版】これで安心！

院長先生の医業承継と相続税対策

監修　町山三郎（公認会計士・税理士）
　　　金子尚貴（公認会計士・税理士）

編著　税理士法人アフェックス

税務経理協会

はじめに

　医療機関を取り巻く経営環境が厳しさを増すなか、度重なる税制改正がさらに追い討ちをかけます。日本は、本格的に"個人の大増税時代"を迎えています。所得税の最高税率は45％に、これに復興特別所得税（平成49年まで）と住民税を加えると、個人所得にかかる最高税率は実に56％になっています。さらに、相続税も平成27年の改正で、基礎控除額が引き下げられ、最高税率も50％から55％に引き上げられています。

　一方、2025年に向けた医療改革という錦の御旗のもと、医療費抑制政策が今まで以上に厳しくなってきています。これからも診療報酬の実質プラス改定はほとんど期待できません。こうした厳しい環境下において、院長先生は、自院を守っていくため、承継問題や相続税問題と正面から向き合い、取り組んでいかけなければなりません。

　病医院を相続人に承継する場合、基本的に次の3つの要件が実現される対策が必要になります。

①　承継者の相続人が、病医院に関わる全財産を相続する
②　承継者の相続人に課される相続税の納税資金を確保する
③　他の相続人も納得する相続財産を準備する

　本書は初版からすでに3年経っているため、この度、平成30年度の税制改正も踏まえた改訂版を出版することとなりました。改訂にあたり、「新しい認定医療法人制度」、「一般社団法人等の税務上の新しい取扱い」、「広大な土地の評価方法」など、この3年間に行われた税制改正について解説するとともに、今後、どのように対応すべきかについても検討を加えています。なお、平成30年度税制改正

については、現時点では、具体的な取扱いが定まっていないものもありますので、注視していくことが必要です。

　税理士法人アフェックスは「良い経営がより良い医療を実現する」を理念に35年以上にわたって医業経営コンサルタントを行ってまいりました。そして、数多くの医療機関の承継問題や相続税対策について取り組んできました。院長先生の相続・承継対策は包括的に取り組む必要があるため、相続の知識はもちろんのこと医療税務に精通している必要があります。長い経験とそこから学び会得した実践的ノウハウを駆使して、病医院ならではの相続問題とその解決策について、具体的な数字や図を用いて、わかりやすく解説しています。また相続税対策をより実感していただくため、私たちが実際に取り組んできた事例も紹介しています。

　長年地域医療にご尽力された院長先生が、安心して自院を後継者へ承継することができ、貴院がますます発展していきますよう、本書が「病医院の医業承継と相続税対策」の一助となれば幸いです。

　最後に、本書の編集に多大な尽力をいただきました(株)税務経理協会の皆様に熱く御礼を申し上げます。

平成30年3月吉日

税理士法人　アフェックス

税理士法人アフェックス
代表社員　町山　三郎
代表社員　金子　尚貴

目　　次

第1章　医業承継対策はなぜ必要か？

- ❶　病医院を取り巻く相続問題 …………………………… 2
- ❷　医業承継と相続問題とは切り離せない ……………… 4
- ❸　遺産分割でもめると医業承継は困難になる ………… 6
- ❹　医業承継は、早めの対策が成功の鍵 ………………… 8
- ❺　自院の承継形態とその対策 …………………………… 11

第2章　これだけは知っておきたい　　　　相続税・贈与税の基礎知識

- ❶　相続税の算出の仕組み ………………………………… 16
- ❷　相続税の連帯納付義務 ………………………………… 25
- ❸　節税の鍵は不動産にあり ……………………………… 26
- ❹　分割で変わる土地の評価額 …………………………… 32
- ❺　小規模宅地等の特例を使いこなす …………………… 34
- ❻　知って得する広大な土地の評価方法 ………………… 41
- ❼　建物の評価方法 ………………………………………… 46
- ❽　生前贈与を有効に活用する …………………………… 47

第3章　遺言・遺産分割の基礎知識

- ❶　遺言書は円満相続の道しるべ ………………………… 54

- ❷ 遺言書の種類 …………………………………………… 55
- ❸ 遺留分について ………………………………………… 59
- ❹ 遺言書作成のポイント ………………………………… 61
- ❺ 遺産分割について ……………………………………… 63
- ❻ 分割の不満を解消させる代償分割 …………………… 65

第4章　医業承継と生命保険の役割

- ❶ 生命保険が相続に有効な理由 ………………………… 70
- ❷ 欠かせない保険の見直し ……………………………… 73
- ❸ 相続対策には、どんな保険がいいのか ……………… 75
- ❹ 生命保険と税金の関係 ………………………………… 78
- ❺ どのくらいの生命保険に入ればよいか ……………… 79
- ❻ 生命保険を利用した相続税対策 ……………………… 81

第5章　個人病医院の相続税対策

- ❶ 生前承継と相続税対策 ………………………………… 84
- ❷ 相続承継と相続税対策 ………………………………… 88
- ❸ 院長先生の退職金 ……………………………………… 91
- ❹ 相続税対策としての医療法人化対策 ………………… 93

第6章　医療法人と相続税対策

- ❶ 医療法人制度の現状 …………………………………… 96
- ❷ 持分あり医療法人と相続税 …………………………… 100
- ❸ 持分なし医療法人を活用した相続税対策 …………… 120

❹ 出資持分の相続税対策 …………………………………… 132
❺ 特定医療法人へ移行する ………………………………… 144
❻ 社会医療法人への移行 …………………………………… 146
❼ 新設された納税猶予・免除制度 ………………………… 149
❽ 自院の取るべき方針を決める …………………………… 165

第7章　病医院の不動産と相続税対策

❶ 病医院の土地と相続税対策の考え方 …………………… 170
❷ 個人病医院の不動産と相続税評価額 …………………… 172
❸ 医療法人と病医院の不動産 ……………………………… 177
❹ 病医院の不動産と相続税対策 …………………………… 183

第8章　第三者への医業承継・廃院

❶ 個人病医院の第三者承継 ………………………………… 188
❷ 医療法人の第三者への承継 ……………………………… 194
❸ 医療法人の合併 …………………………………………… 201
❹ 廃院手続きの概要 ………………………………………… 205

第9章　個人財産と相続税対策

❶ 自宅の相続税対策 ………………………………………… 210
❷ 不動産資産の相続税対策 ………………………………… 213
❸ 組み換えで資産価値をアップする ……………………… 215
❹ 高収益物件は生前贈与する ……………………………… 218
❺ キャッシュリッチ向けの相続税対策 …………………… 221

第10章　相続発生後の相続税対策

❶ 法人葬儀で納税資金を蓄える……………………………226
❷ 遺産分割による相続税対策………………………………228
❸ みなし相続財産の取扱い…………………………………233
❹ 公益法人に寄付をする……………………………………235
❺ 持分なしの医療法人へ移行する…………………………236
❻ 3年以内の土地売却で取得費加算を利用する…………238

第11章　事例で学ぶ医業承継対策

❶ 対策の立案とその留意点…………………………………242
❷ 事例紹介
　事例1　もめそうな相続を回避して円満相続…………244
　事例2　改築資金は高齢でも被相続人が負担する……246
　事例3　即効力のある高層マンションの取得…………247
　事例4　二次相続まで見据えた相続税対策……………250
　事例5　死亡退職金で出資持分を下げる………………252
　事例6　繰越欠損金を利用した病院敷地の借地権
　　　　　贈与………………………………………………254
　事例7　納税額を抑制して持分なし医療法人へ移行…256
　事例8　同族経営の維持と相続税からの解放…………258
　事例9　スピーディな特定医療法人への移行で相続税
　　　　　から解放…………………………………………260
　事例10　社会医療法人への移行で地域基幹病院へ……263

第 1 章

医業承継対策はなぜ必要か？

1 病医院を取り巻く相続問題

(1) 病医院を取り巻く相続問題

　日本は、今、「人口の減少」と「少子高齢化」が加速度的に進展しています。平成22年の調査で、65歳から74歳まで前期高齢者は総人口の12.2％、75歳以上の後期高齢者は11.9％を占めており、日本人の4人に1人は65歳以上の高齢者となっています。さらに、平成26年の調査では、65歳から74歳までの前期高齢者は総人口の13.4％、75歳以上の後期高齢者は12.5％と高齢化が進み、65歳以上の割合は25.9％になっています。

　厚生労働省の医師・歯科医師・薬剤師調査（平成22年）によると、

年齢階級、施設の種別にみた医療施設に従事する医師数及び施設の種別医師の平均年齢

平成26（2014）年12月31日現在

	病院・診療所の計		病院						診療所	
			計		病院（医育機関附属の病院を除く）		医育機関附属の病院			
	医師数(人)	構成割合(%)	医師数(人)	構成割合(%)	医師数(人)	構成割合(%)	医師数(人)	構成割合(%)	医師数(人)	構成割合(%)
総　　数	296845	100.0	194961	100.0	142655	100.0	52306	100.0	101884	100.0
29歳以下	26351	8.9	26133	13.4	16868	11.8	9265	17.7	218	0.2
30〜39歳	64942	21.9	59988	30.8	36420	25.5	23568	45.1	4954	4.9
40〜49歳	67880	22.9	48155	24.7	3697	25.3	1258	23.1	19725	19.4
50〜59歳	67815	22.8	36105	18.5	30291	21.2	5814	11.1	31710	31.1
60〜69歳	43132	14.5	16982	8.7	15460	10.8	1522	2.9	26150	25.7
70歳以上	26725	9.0	7598	3.9	7519	5.3	79	0.2	19127	18.8
平均年齢	49.3歳		44.2歳		46.2歳		38.7歳		59.2歳	

診療所医師については、60歳から69歳までの院長は20.4％、70歳以上の院長は20.0％と、日本の平均よりも高齢化が進んでいることがわかります。平成26年になると、60歳から69歳までの院長は25.7％に、70歳以上の院長は18.8％になっています。平成22年では60歳以上の院長は40.4％でしたが、平成26年では44.5％と診療所の院長の高齢化が著しく進み、診療所の実に半数近くが、60歳以上の院長によって運営されています。つまり、半分近くの診療所の院長先生が、「自院の医業承継」という課題に、直面しているわけです。平成27年以後、相続税、所得税、消費税が増税され、厳しい重税時代に突入しています。国の財政難から、医療費の抑制政策が今まで以上に進展していくため、診療報酬のプラス改定はほとんど期待できません。病医院を取り巻く環境がますます厳しくなるなかで、地域医療を支える病医院の承継や相続問題は、院長やその家族の問題であるだけでなく、社会的にも極めて重要な問題として捉えなくてはなりません。

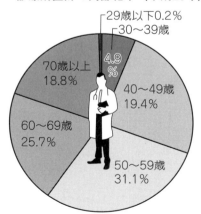

診療所医師の高齢化率（平成26年）

（出所：厚生労働省「医師・歯科医師・薬剤師調査」）

2 医業承継と相続問題とは切り離せない

　医業承継と院長先生の相続対策とは密接に関係しています。多くの病医院で所有と経営が同一人であり、院長の座を後継者に譲るということはオーナーの証である出資持分や病医院の財産を後継者に譲ることに繋がります。すなわち、経営をバトンタッチすると同時に出資持分や病医院の財産を後継者に引き継がせて初めて、医業承継が完了したことになります。院長先生の相続を考えた場合、後継者の子に相続させる出資持分や病医院の財産に課される相続税の納税資金に配慮しなければなりませんが、あわせて後継者以外の子とのバランスにも配慮しなければなりません。医業承継者である相続人と他の相続人との相続財産のバランスを保とうとして、後継者は医療施設や出資持分のみ、他の相続人が現預金等の金融資産を相続すると、後継者は相続税の支払いが困難になってしまうという問題が医業承継にはあります。また、医療資産（建物・敷地・医療器械など）を他の相続人と共有相続してしまうと、今後の病医院経営に禍根を残すことになります。すなわち、医業承継と相続との関係には、次のような難しい問題があることがわかります。

> **医業承継に係わる相続の問題**
> ① 病医院の不動産に対する相続税の納税資金をどのように確保するか
> ② 病医院の不動産をどのように遺産分割するか
> ③ 出資持分に対する相続税の納税資金をどのように確保するか
> ④ 医業承継人以外の相続人が納得する相続をどのようにすれば実現できるか

　医業承継に係わる相続の難しさは、医療機関の規模が大きいほど顕著になります。したがって、病医院を相続人の承継者に円滑に承継させるには、次の3つの要件が実現できるよう努力していかなければなりません。

> **円満承継3つの要件**
> ① 後継者である相続人が、病医院経営に関わる全財産を相続する
> ② 後継者である相続人の納税資金を確保する
> ③ 後継者以外の他の相続人が納得する相続財産を準備する

③ 遺産分割でもめると医業承継は困難になる

　後継者が病医院を承継する際に生じる問題は、相続税の納税資金の不足と遺産分割での紛糾です。病医院を承継する相続人は、医療施設や出資持分を相続するため、必然的に他の相続人より多額の財産を承継することとなります。後継者である相続人が病医院の財産を承継することに対しては他の相続人の同意は得やすいですが、相続財産の金額面で著しく不平等となると、分割方法に納得を得られず、もめ事に発展する場合があります。遺産分割でもめれば、病医院の運営をしていく上で大きな障害になります。さらに、相続財産が未分割状態になると、配偶者控除や小規模宅地等の減額といった税の特典を受けることができなくなるため、高額な相続税が重くのしかかってきます。

未分割では適用できない税法の特典
① 配偶者控除の特例
② 小規模宅地等の特例
③ 相続税取得費加算の特例
④ 物納

　こうした事態にならないよう生前から相続の方針を子供達にしっかりと伝え、円満相続の基盤づくりをしていかなければなりません。相続で一番大切なことはご家族様の幸せです。いざ相続が発生しても家族が困らないよう生前から充分時間をかけ、家族全員が一

団となって、相続対策に取り組む必要があります。

医業承継は、早めの対策が成功の鍵

　相続対策は、相続で起こる問題を生前（相続が発生する以前）に解決しておくことが大切です。相続対策は、生前対策で９割決まります。"理想の生前対策"を成し遂げるためには、しっかりとした指針に基づき、時間をかけて成し遂げていく強い意志が必要です。

理想の生前相続
① 相続財産の分割について相続人間でおおよその合意ができていること
② 納税資金の確保が見込めること
③ 相続税の節税対策が実行されていること

　生前対策は、基本的に下記の手順に従って進めます。

（１）　相続財産を把握し、相続税額を試算する

　相続財産をできるだけ洗い出し、財産の一覧表を作成し相続税評価額を算定します。この際、財産の評価は大雑把な方法で構いません。正確な算定には多くの時間を要すことになり、仮に正確に算定したとしても、時の経過とともに評価額は変わってしまうため意味がなくなるからです。生前対策は、末梢的な問題に固執することなく、まず、相続財産の概要を把握して、問題点やトラブルになる要因を早めに発見することが何よりも大切になります。

（2） 相続財産をどのように分割するかを検討する

　相続の分割対策では、「分けられる財産を用意しておくこと」と「分け方を決めておくこと」が重要です。また、生前に相続財産の分割方針を家族にしっかりと伝えることで、相続トラブルを未然に防ぐことができます。遺言や保険の活用など、個別事情にあわせて最適な方法を模索し、選択決定します。

（3） 納税資金を確保する

　納税額を算出し、納税資金の過不足を確認します。また、必要とされる納税資金を確保するためには、退職金をどのぐらいにしたらよいか、新たに生命保険に加入すべきか等多方面から検討し、納税資金を確保します。

（4） 節税対策を考える

　おおまかな相続税評価額に基づく相続税額や納税資金の過不足を理解したら、どのような節税対策をすれば、相続税額が少なくなるかを専門家のアドバイスを参考にして考えます。節税対策は、「相続財産を減らすこと」と「評価額を下げること」の組み合わせです。「相続財産を減らす」オーソドックスな対策が贈与です。生前贈与を上手に活用し相続財産を計画的に相続人へ移すことで、かなりの相続税を節税することができます。まず、誰にどの財産を贈与するかを決め、その財産を毎年継続して贈与していきます。そして、生前中に当該財産の相続を完了させます。

　次に、「評価額を下げる」を考えます。特に、病医院の相続を考えた場合、出資持分と不動産の評価額をどう下げるかがポイントになります。出資持分や不動産の評価額を下げるには大きな対策を組

み合わせていく必要があるため、長い年月を要します。そのため、生前から充分時間をかけ戦略的に取り組む必要があります。評価額が充分に下がったタイミングで相続人に財産を移転することができれば、かなりの相続税を節税できます。また、相続対策は節税ばかりに目がいきがちですが、分割・納税・節税の3つをバランスよく実現していくことを、心がけなければなりません。特に病医院の土地や自宅等の不動産は資産価値が高いものの、納税資金の捻出や分割が難しい財産であるため、相続人の間でトラブルになりやすい財産でもあります。そのため、金融資産を増やすなど財産のポートフォリオを見直すことでバランスの取れた相続対策を行うようにしなければなりません。

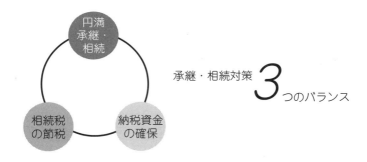

承継・相続対策 3つのバランス

知っておきたい財産の特性

	納税	分割	節税
金融資産	○	○	×
不動産	×	△	○
出資持分	×	×	△

○：向いている　△：状況による　×：向いていない

自院の承継形態とその対策

　医業承継には、大きく分けて（1）相続人（子）への承継・（2）第三者への承継（M＆A）・（3）廃院の3つの方法があります。また、病医院の形態が個人であるか医療法人であるかによって対策は大きく異なります。それぞれの特徴や税務上の問題を理解した上で、スムーズに承継できるよう時間をかけ、かつ、計画的に取り組んでいかなければなりません。

（1）　相続人（子）への承継

　病医院を後継者へバトンタッチするためには、税金対策はもちろんのこと経営方針や人事問題など幅広い側面から対策を講じていかなければなりません。後継者がスムーズに病医院を承継するためには、次の3つの承継を実現させなければなりません。

```
                    ┌ 経営理念の承継
          ┌ 経営の承継 ┤ 医療理念の承継
          │         │ 患者の承継
          │         └ 職員の承継
医業承継 ┤                   など
          │         ┌ 医療施設の承継
          └ 財産の承継 ┤ 出資持分の承継
                    └ 借入金等の承継
                              など
```

①　経営権の承継

　スムーズな医業承継を実現するためには、後継者の子と将来の

事業展望などについてよく話し合い、意識を共有化することが大切です。特に子供が経営方針等を変更したい場合、古参の職員は前院長先生の経営方針や診療方針に馴染んでいるため、後継者の新しい経営方針に即応できずにトラブルになることがあります。そのため、例えば親子での2診体制を3年ぐらいかけて行い、その間に後継者の先生はスタッフと話し合いを重ねることで新しい経営方針や診療方針を理解してもらえるよう努力します。一方、勇退される院長先生は、子の方針を後押しできるような下地づくりを行い、事前に根回しをしておくとスムーズに移行することができます。

② **医療資産の承継**

医療資産を相続人である後継者が相続した際、相続税の負担が重荷にならないよう、生前から計画的に財産の承継対策を進めていく必要があります。特に、規模が大きな医療機関では、充分な時間をかけて財産承継のための対策を実行していくことが必要になります。

③ **個人財産（医療資産以外）の承継**

病医院を承継する相続人には、納税に必要な現預金を相続させる必要がありますが、同時に、後継者以外の相続人が納得できる相続財産を用意する必要があります。

相続人への医業承継3本柱

1．円満承継・相続
2．納税資金の確保
3．相続税の節税

---

(2) 第三者への承継（M＆A）

　後継者不在などを理由に病医院を売却するケースが年々増えています。市場の飽和化に伴い新規開業での成功が難しくなりつつある昨今の状況と相まって、M＆Aは事業承継の選択肢として今後ますます増えていくことが予想されます。M＆Aによる譲渡を想定した場合、病医院がある程度流行っていなければ、好条件での売却はなかなか難しいと思われます。そのため、後継者が不在である場合には、なるべく早い段階からM＆Aを意識しておくことが望まれます。

(3) 廃院

　病医院の買い手がいない場合、残された選択肢は、廃院ということになります。廃院に伴い、医療施設の破棄・転用、職員の処遇問題、医療法人の解散などがあり、蓄えた資金の流出や税金問題が発生します。ハッピーリタイアメントができる資金が残るようにします。

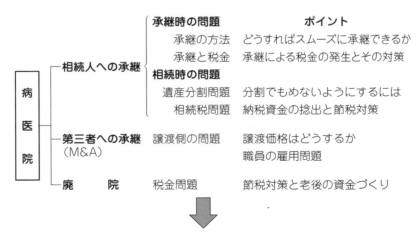

個人と医療法人では対策が大きく違う

第 2 章

これだけは知っておきたい
相続税・贈与税の基礎知識

相続税の算出の仕組み

(1) 相続税の計算の仕方

相続財産の評価方法は複雑ですが、相続税の計算方法は比較的簡単です。各相続人の相続税は、次の3つのステップにしたがって算出します。

ステップ1　課税遺産総額を計算する
ステップ2　相続税の総額を計算する
ステップ3　各相続人の納税額を計算する

ステップ1　課税遺産総額を計算する

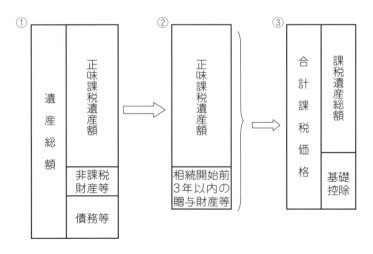

① 正味課税遺産額を算出する
遺産総額（Ⅰ）－ 非課税財産等（Ⅱ）－ 債務等（Ⅲ）
＝ 正味課税遺産額

② 合計課税価格を算出する
正味課税遺産額＋（相続開始前3年以内の贈与財産＋相続時精算課税制度によって贈与を受けた財産）＝合計課税価格

③ 課税遺産総額を算出する
合計課税価格 － 基礎控除（Ⅳ） ＝ 課税遺産総額

（Ⅰ）遺産総額

相続財産①に下記②～④を加えた額が遺産総額となります。

① 相続財産

亡くなった方（以下「被相続人」）が相続開始時に所有していた土地・家屋・有価証券・預金などの財産が含まれます。財産の評価は、原則として時価をもって評価額とします。

② みなし相続財産

相続財産ではないものの、被相続人の死亡を原因として相続人のもとに入ってきた財産を税法上相続財産とみなし、相続税の課税対象とされます。

【みなし相続財産の例】

- 死亡保険金

  保険料負担者が被相続人である保険契約について、被相続人の死亡を原因として受け取る保険金

- 死亡退職金等

  被相続人の死亡によって受け取る退職金や功労金などで、死亡後3年以内に支給が確定したもの

- 生命保険に関する権利

  相続開始の際に保険事故の発生していない生命保険契

約で、被相続人が保険料を負担し、被相続人以外の者が契約者である場合がこれに該当します。
③　3年以内に贈与を受けた財産
相続が発生する前に財産を減らすための贈与が行われることが多いため、被相続人が亡くなる3年以内にされた贈与財産は遺産総額に加算されます。
④　相続時精算課税制度によって贈与を受けた財産
この制度を利用して贈与を受けた財産は、贈与時の評価額で相続財産に加算されます。

(Ⅱ)　非課税財産

相続財産の中には社会政策的観点から、非課税とされるものがあります。主な非課税財産は下記のとおりです。

【非課税財産の例】
- 墓地や仏壇
- 相続人が取得した死亡保険金のうち一定額
  （500万円×法定相続人の数）
- 相続人が取得した死亡退職金のうち一定額
  （500万円×法定相続人の数）
- 公益事業用財産
- 国などへ寄付した財産

(Ⅲ)　債務・葬式費用

借入金、未払医療費、未払税金などの債務や葬式費用（香典の返礼費用・法要を除く）は遺産総額から控除することができます。

(Ⅳ)　基礎控除額

基礎控除額は、次のように算出します。基礎控除前課税遺産総額（＝Ⅰ－Ⅱ－Ⅲ）が基礎控除額以内であれば、相続税は課税されません。下記のとおり、平成27年以降の相続から基礎控除額が4割減

1．相続税の算出の仕組み

少しています。

3,000万円＋600万円×法定相続人の人数

［設例：岩本院長の正味課税遺産額］

（単位：万円）

財　　産		内容	評価額
相続財産	金融資産	現預金	10,000
		有価証券	4,000
	不動産	病院敷地	18,000
		自宅土地	6,000
		自宅建物	1,000
	その他	ゴルフ会員権	2,000
みなし財産	死亡時に入る現金	死亡退職金	10,000
		死亡保険金	8,000
遺産総額			59,000
控除金額	非課税財産	死亡退職金非課税限度額	1,500
		死亡保険金非課税限度額	1,500
	債務等	借入金	6,000
正味課税遺産額			50,000

ステップ2　相続税の総額を計算する

　課税遺産総額を法定相続分で取得したと仮定して各法定相続人の税額を計算した後、各人の相続税額を合計します。

各人の相続税額＝取得金額×税率－控除額

相続税の税率表

平成27年以降の相続又は遺贈分			
各相続人が取得する金額		税率	控除額
	1,000万円以下	10%	―
1,000万円超	3,000万円以下	15%	50万円
3,000万円超	5,000万円以下	20%	200万円
5,000万円超	1億円以下	30%	700万円
1億円超	2億円以下	40%	1,700万円
2億円超	3億円以下	45%	2,700万円
3億円超	6億円以下	50%	4,200万円
6億円超		55%	7,200万円

＊　平成27年より2億円超～3億円以下、及び6億円超に対する税率が5％アップしました。

法定相続分の割合

	法　定　相　続　分			
	配偶者	子	親	兄弟姉妹
配偶者と子	1/2	1/2	―	―
配偶者と親	2/3	―	1/3	―
配偶者と兄弟姉妹	3/4	―	―	1/4

＊　子、親、兄弟姉妹が複数いるときは相続分を均等に分割することになります。

ステップ３　各相続人の納税額を計算する

　実際の相続割合で各人の相続税額を算出した後、各人ごとに個別控除・加算を行い、各人の相続税額を算出します。

【控除項目の例】

・配偶者の税額軽減

　配偶者には、被相続人の財産形成に寄与していることや被相続人死亡後の生活保障面などが考慮され、税額が大幅に軽減される特例があります。配偶者の法定相続分相当額と１億６千万円のどちらか多い金額までの遺産額には相続税がかかりません。

・未成年者控除

　相続人の年齢が20歳未満の場合、相続開始の日からその未成年者が満20歳に達するまでの年数１年につき10万円で計算した額が控除されます。また、年数の計算にあたり、１年未満の期間は切り上げて１年として計算します。

・贈与税額控除

　相続開始前３年以内の贈与財産に課税された贈与税は相続税額から控除されます。

・相次相続控除（法定相続人に限ります）

　今回の相続開始前10年以内に開始した相続により相続税を納付している場合に、前回算出された相続税額に一定の割合を乗じて算出された金額が、相続税額から控除されます。

【加算項目】

・２割加算

　親・子・配偶者以外の人が相続等により財産を取得した場合、相続税額に２割加算されます（代襲相続人を除きます）。

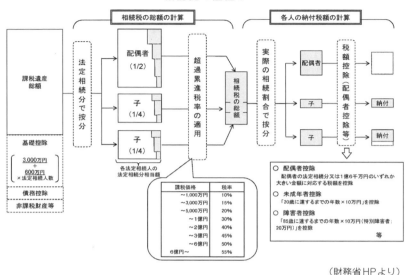

(財務省HPより)

（２）事例で学ぶ相続税の計算

設例

① 遺産総額　５億円　相続人、妻と子供２人
　　妻は相続財産の1/2を長男と次男が1/4ずつ相続する
　　基礎控除＝3,000＋600×3＝4,800万円
　　課税遺産総額＝50,000－4,800＝45,200万円
　　妻の税金　　　　45,200×1/2×45％－2,700
　　　　　　　　　　＝7,470万円
　　子供１人の税金　45,200×1/4×40％－1,700
　　　　　　　　　　＝2,820万円
　　妻の納付税金　　ゼロ（配偶者控除の特典）

1. 相続税の算出の仕組み

長男の納税額　　2,820万円
次男の納税額　　2,820万円
　総納税額　　　5,640万円
（相続財産に対する納税額の割合　11.3％）

	妻	長男	次男
相続分	1/2	1/4	1/4

遺産総額 5億円

課税対象額 45,200

基礎控除 4,800

22,600万円×税率　　それぞれ 11,300万円×税率

相続税の総額
1億3,110万円

実際の納税額は…
⇩
配偶者控除があるため
⇩

ゼロ	2,820万円	2,820万円

② 遺産総額　5億円　相続人　子供2人
　長男がすべてを相続する
　基礎控除＝　3,000＋600×2＝4,200万円
　課税遺産総額＝50,000－4,200＝45,800万円
　子供1人の税金　　45,800×1/2×45％－2,700
　　　　　　　　　　＝7,605万円
　納付税金　　　　　7,605×2＝15,210万円
　長男の納付税金　　15,210万円
　次男の納付税金　　ゼロ
（相続財産に対する納税額の割合　30.4％）

③　遺産総額　5億円　　相続人　兄弟2人
　　兄弟のうち兄が相続する
　　基礎控除＝3,000＋600×2＝4,200万円
　　課税遺産総額＝45,800万円
　　兄弟一人の税金　45,800×1/2×45％－2,700
　　　　　　　　　　＝7,605万円
　　兄の納付税金　　7,605×2×(1＋0.2)＝18,252万円
　　弟の納付税金　　ゼロ
　　（相続財産に対する納税額の割合　36.5％）

院長先生が押さえておくべき点は、次の4つです。
①　相続人間でどのように分けても、配偶者控除前の相続税の総額は変わらないこと
②　配偶者が死亡していると、配偶者控除の特典がないため、相続税が一気に増えてしまいます。また、1次相続では配偶者控除がない2次相続を考慮して、計画的に遺産分割をすることが大切です。
③　長男が1人で相続しても、相続税は変わらないこと
④　子がいないと、相続税が2割加算されるため、相続税が多額になります。法定相続人の数に含めることができる養子の数は、実子がいる場合は1人、実子がいない場合は2人まで認められています。相続税の基礎控除額は、1人当たり600万円です。よって、養子縁組を行い相続人の数を増やすことで、相続税を節税できます。

② 相続税の連帯納付義務

　相続税は、納付期限までに金銭で支払わなければなりません。しかも、相続人の1人でも納税しなければ、他の相続人は、取得した財産（相続により受けた利益）を限度に相続税の連帯納付義務を負わなければなりません。相続により受けた利益とは、相続税の申告書に記載された価格を基礎として、その相続人が取得した財産（非課税資産も含む）の価格から負担した負債、葬式費用、その他申告に係わる相続税、登録免許税を控除した金額です。税法改正によって、納税義務者が延納又は納税猶予の適用を受けた場合等には、連帯納付義務は解除されますが、納税猶予や延納の適用を受けていなければ、他の相続人分の相続税に対して納税義務があります。したがって、遺産分割協議をする場合は、相続税の連帯納付義務を認識して、本人の納税だけでなく、他の相続人の納税まで考慮して、遺産分割を決めなければなりません。

3 節税の鍵は不動産にあり

（1） 土地の評価方法

　多くの病医院が、建物と土地を所有しており、全体の相続税額のうち土地が大きなウエイトを占めています。相続税の計算では、合計課税価格が決まると自動的に納税額が決まるため、土地の評価額をいかに低くするかが重要になります。相続税法では、相続発生時の時価で財産を評価することになっています。しかし、何をもって時価とするかは、評価する人によって判断がまちまちであり、課税額に不公平が生じてしまう恐れがあります。そこで、国税庁では「財産評価基本通達」という評価規定によって個々の財産についての具体的な評価方法を定め、これに基づいて評価すれば、評価額は相続税法で定める時価とするとしています。財産評価基本通達による土地の評価方法には、路線価方式と倍率方式の2種類があります。

・路線価方式

　市街地的形態を形成する地域にある土地については、路線価方式で評価します。路線価方式とは、その土地が面している道路に付けられた価格（路線価）に土地の面積を掛けた価格にその土地の持つ個別要因に応じた補正を加えて、評価額を算出します。

　路線価方式による評価額＝路線価×宅地面積（m^2）±個別的要因

・倍率方式

　路線価が付されていない土地については、倍率方式で評価します。固定資産税評価額に国税局から毎年告知される倍率を乗じて算出します。倍率方式では、土地の個別的要因の補正は行いません。

（２）路線価と路線価図の見方

　路線価は、公示価格（１月１日時点における標準地の正常な価格）をベースに、国税庁が例年７月頃に定める価格です。通常、公示価格の８割程度に定められていると言われています。路線価図が国税庁のホームページに掲載されていますので、毎年必ず、自院の路線価を確認しておきましょう。

路線価図の例（国税庁ホームページより）

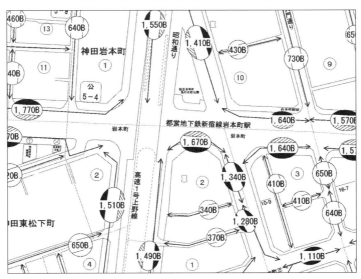

　路線価図には下記の事項が表示されています。

- **路線価**

　路線ごとに表示されている数値で、路線に面する標準的な土地1㎡当たりの土地評価額を表しています。数値は千円単位です。

- **地区区分**

　路線価を囲む記号で地区区分を表しています。地区区分は、画地調整を行う時に使用します。普通住宅地区や大工場地区など全部で7区分あります。

（地区区分）

ビル街	高度商業	繁華街	普通商業併用住宅	普通住宅	中小工場	大工場
⬡	⬭	⬯	◯	無印	◇	□

（適用範囲）

道路の両側の全地域	道路の南側（下方）の全地域	道路沿い	道路の北側（上方）の道路沿いと南側（下方）の全地域	道路の北側（上方）の道路沿いのみの地域

- **借地権割合**

　土地を有償で賃借し、建物を建てた場合には、その土地を使用する権利が発生します。これを借地権といい、相続税の土地評価の際にはこれを加味し、通常の土地の評価額に借地権割合を乗じて評価します。路線価の後に表示されているアルファベットが借地権割合で、割合は30％から90％までです。

借地権割合

記号	A	B	C	D	E	F	G
借地権割合	90%	80%	70%	60%	50%	40%	30%

3. 節税の鍵は不動産にあり

借地権等の評価方法

借地人
土地の評価額×借地権割合＝借地権の評価額

地主
土地の評価額×（1－借地権割合）＝底地の評価額

※ 借地人が建物を所有

事例 土地の評価額が1億円、借地権割合70％

借地人の借地権評価額　　1億円×70％＝7,000万円
地主の底地権評価額　　　1億円×(1－70％)＝3,000万円

借地権等の評価額

借地権割合 70％　　　借家権割合 30％

(1) 自用地　　　　　　100％　100

(2) 借地権　　　　　　70％　100×0.7

(3) 貸宅地　　　　　　30％　100×(1－0.7)
　　（底地権）

(4) 貸家建付地　　　　79％　100×{1－(0.7×0.3)}

(3) 個別的要因の補正

　路線価は標準的な形状をした土地を基に算出されており、個々の土地の形状や位置等は考慮されていません。そこで、実際の価値に少しでも近づけるべく、土地の奥行や形状、利用上の法的制限等の状況に応じた補正計算を行います。これを画地調整といいます。

　画地調整率は、限られた申告期限内に相続税の申告ができるよう、極めて大雑把に定められています。そのため、個別的要因を評価通達の規定に準拠して計算すると、不動産市場での実際の売買価格（時価）より高くなってしまうこともよくあります。

　したがって、土地の評価額を低くするには
・原則の「時価」（不動産鑑定士による評価額など）にするか
・財産評価基本通達による方法で算出するか
・個別的要因をどのように判断して算出するか
といった選択と調整率の判断が非常に重要になります。

　減価率は、財産評価基本通達では、かなり厳しく定められているので、不動産鑑定士による鑑定価額の方が有利になることがよくあります。それゆえ、広い土地を所有されている院長先生は、土地の相続税評価額について、不動産に強い税理士や不動産鑑定士に必ず相談されることをお勧めします。

	土地の特徴	画地調整名称
加算	角地にある	側方路線影響加算
	裏面に道路がある	二方路線影響加算
減算	奥行が平均的な奥行と比べて長い又は短い	奥行価格補正
	間口が平均的な間口と比べて狭い	間口狭小補正
	間口に対して奥行が長い	奥行長大補正
	正方形でなく、形状が不整形	不整形地補正
	がけ地である	がけ地補正
	道路に面していない	無道路地補正

(4) 宅地の評価単位

　宅地は、1画地ごとに評価します。1画地とは利用の単位となっている宅地のことで、必ずしも1筆とは限りません。例えば、2筆であっても、利用単位が同一であれば、2筆をまとめて1つの土地として評価します。また、自宅とクリニックが1筆の土地に併設されていても、利用単位が別であるので別々に評価します。

分割で変わる土地の評価額

　相続税法上、土地の評価額については、相続開始時の状態ではなく、相続後の取得者ごとに、かつ評価の単位は筆ごとではなく、利用単位ごとに行うことになっています。すなわち、被相続人が所有していた土地の状態ではなく、相続人が相続した土地に対して、その土地の評価額を算出します。したがって、どのように土地を分割したら一番土地の評価額が下がるか検討することが大切です。

【事例】
　500m²の宅地を分割し、300m²の宅地と200m²の駐車場とした場合
地区区分：　普通商業・併用住宅地区　側方路線影響加算率　0.08
（小規模宅地等の特例及び奥行価格補正率は考慮しない）

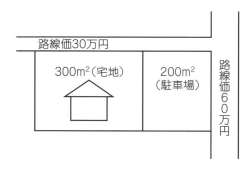

① 分割前の評価額
　宅地の評価額：（60万円＋30万円×0.08）×500m² ＝31,200万円
② 分割後の評価額
　宅地の評価額：30万円×300m² ＝9,000万円
　駐車場の評価額：（60万円＋30万円×0.08）×200m² ＝12,480万円
　合計：9,000万円＋12,480万円 ＝21,480万円

　分割によって、相続税評価額は9,720万円（約31％）も下げることができます。所有する土地を、どう分割すれば相続税評価額が下げられるか、事前に調べ上げておくことも欠かせません。

5 小規模宅地等の特例を使いこなす

(1) 小規模宅地等の特例とは

　居住用宅地や事業用宅地に対してそのまま相続税を課税すると、相続人は相続税の支払いのために当該宅地を売却しなければならない事態に陥る可能性があります。そこで、税法では、居住用や事業用に使われていた宅地等（土地や借地権等）で一定の建物などの敷地の用に供されており、相続後も引き続き居住用や事業用として継続使用している場合には、その宅地等の評価額の一定割合を減額し、居住や事業の継続をしやすくする特例を設けています。

小規模宅地等の特例の概要

	利用状況	限度面積	減額割合
居住用	特定居住用宅地等（注1）	330m²	80%
事業用	特定事業用宅地等（注2） 特定同族会社事業用宅地等（注3）	400m² 400m²	80% 80%
貸付用	貸付事業用宅地等（注4）	200m²	50%

（注1）特定居住用宅地等の要件
　　相続開始直前において被相続人等の居住の用に供されていたもので、被相続人の配偶者が取得した場合や被相続人と同居していた親族で、相続開始時から相続税の申告期限まで引き続きその家屋に居住し、かつその宅地等を有している場合、330m²までの評価額について80%減額されます。

ただし、平成30年4月1日以後の相続等に対して、次に該当する者は除外されます。
　　　（イ）　相続開始前3年以内に、その者の3親等内の親族又はその者と特別の関係のある法人が所有する国内にある家屋に居住したことがある者
　　　（ロ）　相続開始時において居住の用に供していた家屋を過去に所有していたことがある者

（注2）特定事業用宅地等の要件
　　被相続人が病医院を営んでいた宅地等を、事業承継者である親族が取得し、申告期限まで引き続きその宅地等を保有し、かつ、その事業を営んでいる場合、400m²までの評価額について80％減額されます。

（注3）特定同族会社事業用宅地等の要件
　　特定同族医療法人等（被相続人等が出資金等の50％超を有する医療法人等）の事業用宅地等を、その医療法人の役員である親族が申告期限まで引き続き保有し、かつ、医療法人等が事業用として使用している場合、400m²までの評価額について80％減額されます。

（注4）貸付事業用宅地等の要件
　　被相続人の貸付事業の用に供されていた宅地等を、相続人が申告期限まで引き続き保有し、かつ、貸付事業を継続している場合、200m²までの評価額について50％減額されます。貸付事業用宅地等を選択した場合には、従前と同様に重複適用はできず、選択適用することになります。
　　ただし、平成30年4月1日以後の相続等においては、相続開始前3年以内に貸付事業の用に供された宅地等（相続開始前3年を超えて事業的規模で貸付事業を行っている者が当該貸付事業の用

に供していたものを除く）は除外されます。ただし、同日前から貸付事業の用に供されている宅地等については適用されません。

$$貸付用宅地等の地積＋居住用宅地等の地積 \times \frac{200}{330} ＋事業用宅地等の地積 \times \frac{200}{400} \leq 200m^2$$

さらに、自宅と事業用宅地のそれぞれで適用可能
（不動産貸付宅地は改正なし）

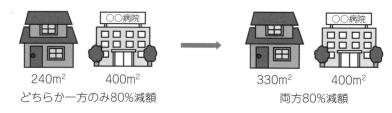

また、平成26年からの相続について、特定居住用宅地等にかかる下記２点が改正されています。

- 被相続人が老人ホームに入所した場合の要件が緩和され、終身利用権を取得した場合や自宅が空き家になった場合でも小規模宅地等の特例の適用が可能になりました。
- 平成25年までは、建物内部で２世帯居住スペースが繋がっていないと小規模宅地等の特例が適用できませんでしたが、

構造要件が撤廃されました。その一方で、建物が区分登記されている場合には、登記された区分ごとに判断されることになりますので、注意が必要です。

なお、平成30年の改正で、介護医療院に入所したことにより被相続人の居住の用に供されなくなった家屋の敷地の用に供されていた宅地等について、相続の開始の直前において被相続人の居住の用に供されていたものとして本特例が適用されます。

（2）特例の上手な使い方

院長先生の多くは、病医院建物の敷地や自宅等の土地を所有しています。小規模宅地等の特例は、限度面積の範囲内であれば、複数の土地に適用することができます。節税効果の高い土地から優先的に適用することで、相続税を最小限に抑えることができます。なお、本特例は適用を受けた相続人のみが有利になる制度ですので、誰が適用を受けるか相続人の間で同意を得ておく必要があります。

設例1

特定居住用宅地等のA土地：地積　330m²　単価　　400千円
特定事業用宅地等のB土地：地積　400m²　単価　　500千円
不動産貸付用宅地のC土地：地積　200m²　単価　1,000千円
を所有している場合、どのように特例を利用すれば有利になるでしょうか？

（解説）

選択1：AとBを減額の対象にする場合

A：400千円×330m²×80％＝105,600千円

B：500千円×400m²×80％＝160,000千円

したがって、居住用と事業用の宅地に優先して小規模宅地等の特例を適用した場合、265,600千円減額できます。

選択2：貸付用宅地Cを減額の対象にする場合

C：1,000千円×200m²×50％＝100,000千円

したがって、貸付用宅地に優先して、小規模宅地等の特例を適用した場合100,000千円減額できます。

		選択1 A＋B	選択2 C
A	特定居住用宅地等 330m²	105,600	
B	特定事業用宅地等 400m²	160,000	
C	貸付用宅地等 200m²		100,000
	減額合計	265,600	100,000

結論：A土地とB土地に小規模宅地等の特例を適用すると有利になります。

設例2

特定居住用宅地等のA土地：地積330m²　単価　　400千円
特定事業用宅地等のB土地：地積200m²　単価　　500千円
不動産貸付用宅地のC土地：地積50m²　単価　10,000千円
を所有している場合、どのように特例を利用すれば有利になるでしょうか？

（解説）

選択1：AとBを減額の対象とする場合

A：400千円×330m²×80％＝105,600千円

B：500千円×200m²×80％＝80,000千円

したがって、居住用と事業用の宅地を優先して小規模宅地等の特例を適用した場合、185,600千円減額できます。

選択2：貸付用宅地Cを減額の対象とする場合

C土地50m²＋B土地200m²×(200/400)＋A土地82.5m²×(200/330)≦200m²

C：10,000千円×50m²×50％＝250,000千円

B：500千円×200m²×80％＝80,000千円

A：400千円×82.5m²×80％＝26,400千円

したがって、貸付用宅地Cを優先して小規模宅地等の特例を適用し、残りを単価の高い順に適用した場合、356,400千円減額できます。

		選択1 A＋B	選択2 C＋B＋A
A	特定居住用宅地等 330m²	105,600	26,400
B	特定事業用宅地等 200m²	80,000	80,000
C	貸付用宅地等 50m²		250,000
	減額合計	185,600	356,400

結論：Cの単価が極めて高いので、減額割合が50％でも減額合計は居住用と事業用に対して小規模宅地等の特例を適用するより有利になります。

所有している土地のうち、どの土地に小規模宅地等の特例を適用すると一番有利になるか、事前に調べておくことが大切です。

なお、所有している土地単価があまり高くないため、特例の限度

面積の減額を受けても減額の絶対金額が僅少である場合は、新たに銀座や青山などの土地単価の高い土地（超高層マンション等）を取得することで、有効的に小規模宅地の特例を活用できます。

⑥ 知って得する広大な土地の評価方法

（１）広大な土地に対する税法の取扱い

　土地の時価とは、不特定多数の人に取引される価額です。広大な土地は、通常、開発して戸建住宅の分譲地として売買がなされます。戸建住宅分譲地にするためには、公共公益的な施設用地となる部分（例えば開発道路等）が必要になるため、その潰れ地は当然減価要因になるので、その分、広大な土地の評価額は減額することになります。しかし、開発道路等の潰れ地を算定するには、専門的な知識が必要なため、平成16年の税制改正で、課税庁は極めて簡単な「広大地評価」の算定方法を定め、納税者の負担を軽減しました。「広大地評価」が適用できると、不動産鑑定士による評価額より遥かに低い評価額で土地の相続税評価額を算定することができます。

　しかし、「広大地評価」は、次のような問題がありました。

① 適用可否の判断基準が不明確であるため、広大地に該当するか否かをめぐり多くの審査請求や裁判が行われている

② 土地の個別的な要因が考慮されていないため、実際の取引価格と相続税評価額が大きく乖離することがある

　その結果、「広大地評価」は、平成29年度の税制改正で廃止され、適用要件を明確化し、各土地の個性に応じて形状・地積に基づき評価する「地積規模の大きな宅地の評価」が平成30年1月1日から施行されることになりました。

（２）地積規模の大きな宅地の評価

「広大地評価」では、適用要件があいまいなことが問題視されていましたが、改正により、以下の表のように明確化されました。

① 適用要件

要件	「広大地の評価」	「地積規模の大きな宅地の評価」
地積	基準は三大都市圏　500m²以上 その他　1,000m²以上	三大都市圏　500m²以上 その他　1,000m²以上
地区区分	中小工場地区も認められる場合もある	普通住宅地区 普通商業・併用住宅地区のみ
容積率	原則として300％以上の土地は適用されない	指定容積率400％以上の土地は適用されない （東京都23区は300％以上）

　開発行為を行うにあたり開発道路を要すると認められる宅地であることの要件は廃止されたので、改正により適用される宅地の範囲が広がり、次のような土地にも新しい評価方法が適用できるようになりました。

　① 奥行きが浅く、開発道路を必要としない土地
　　・ようかん切りの土地
　　・路地状開発（旗竿）が可能な土地
　② 国道等の幹線道路沿い病医院等の土地
　③ 現状３階建て以上の病医院等の敷地

（３）評価額の算定

① 広大地評価による評価額

　従来の広大地評価の方法は、地積（面積）に路線価の価額と広大地補正率をかけるだけという極めてシンプルなものでした。

従来の広大地の評価額＝地積×路線価×広大地補正率

$$広大地補正率 = 0.6 - 0.05 \times \frac{地積}{1,000\text{m}^2}$$

広大地補正率は0.35を下限とする

しかし、「広大地補正率」には、土地の形状が考慮されていないという問題があったため、改正により以下のようになりました。

② 地積規模の大きな宅地の評価額

地積規模の大きな宅地の要件を満たしている土地の評価額は次のようになります。

地積規模の大きな宅地の評価額＝地積×路線価×各種補正率×規模格差補正率

各種補正率……形状（不整形、奥行）を考慮して土地の評価を補正するための補正率です

規模格差補正率……土地の大きさを考慮して減額するための補正率で、次の式から算出されます

$$\left(\frac{A \times B + C}{地積規模の大きな宅地の地積(A)} \right) \times 80\%$$

BとCは宅地の所在する地域に応じて定められています

三大都市圏に所在する宅地

地　積	B	C
500以上1,000m²未満	0.95	25
1,000以上3,000m²未満	0.90	75
3,000以上5,000m²未満	0.85	225
5,000m²以上	0.80	475

三大都市圏以外の地域に存在する宅地

地　積	B	C
1,000以上5,000m²未満	0.90	100
3,000以上5,000m²未満	0.85	250
5,000m²以上	0.80	500

（4）評価方法の改正とその影響額

　事例により、改正前の「広大地評価」による評価額と改正後の「地積規模の大きな宅地の評価」による評価額とを比べてみましょう。

> **事例**
> 　普通住宅地区にある診療所の敷地（路線価額200千円／m²）は幅60m、奥行50mで、地積（面積）は3,000m²です。税法による相続税評価額は次のようになります。
>
> ①広大地評価による評価額（改正前）
> $$200 \times \left(0.6 - 0.05 \times \frac{3,000}{1,000}\right) \times 3,000 = 270,000 \text{千円}$$
>
> ②地積規模の大きな宅地の評価による評価額（改正後）
> 　　200×0.89（奥行価格補正率：平成30年）
> 　　　×0.74（規模格差補正率）×3,000＝395,160千円
>
> 　改正によって、1億2,516万円評価額が上がります。実に46％増加します。

（5）広大な土地の評価の留意点

　個人が所有している土地や持分あり医療法人が所有している土地は、税法の要件を満たしていれば、税法の定める評価方法で相続税評価額を算定することができます。改正により、大規模な宅地の適用要件が明確になったので、適用可否に心配することなく税法の特例を利用できます。ただし、改正により、「広大地評価」の評価額のように、実際の評価額を大幅に下回る評価額になることはありません。したがって、広大な土地は、「地積規模の大きな宅地の評価」による評価額を算定するだけでなく、別途、不動産鑑定士等による開発想定図等をもとにした鑑定評価額を入手し、有利なほうを選択することが必要とされます。

建物の評価方法

　建物は固定資産税評価額で評価されます。固定資産税評価額は、通常、建築費の7割弱とされています。建物を医療法人等に賃貸している場合には、借家権部分が30％とみなされ、固定資産税評価額の70％で評価されます。固定資産税評価額が建築費の70％と仮定しますと、建物の相続税評価額は下記のとおりです。

建物の相続税評価額

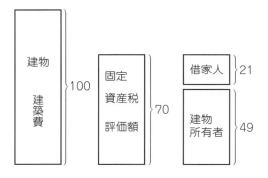

　院長先生が1億円で建てた診療所を医療法人に賃貸すると、院長先生が所有する診療所建物の相続税評価額は4,900万円になります。また、建物を賃貸すると診療所の土地（借地権80％）の相続税評価額は、1億円から7,600万円〔1億円×(1-80％×30％)〕に下がります。

　地主さんの相続税対策は、「アパートが一番」という新聞等の広告は、不動産を賃貸すると、こうした評価減のメリットがあることをピーアールしたものです。

8 生前贈与を有効に活用する

　相続税の節税対策において、王道ともいえるのが生前贈与です。相続税は課税される相続財産が多くなるほど税率が高くなる累進課税方式になっています。そのため、生前に子や孫に、できるだけ多く財産を移転し、相続財産を減らすことが大切です。贈与税の課税方法には「暦年課税」と「相続時精算課税」がありますが、2つの制度を理解して、上手に活用しましょう。

(1) 暦年課税

　暦年課税贈与の最大の特徴は、一度に多額の財産を贈与するのではなく、少額の財産を毎年コツコツと贈与することで、少ない税負担で財産を移転することができます。暦年課税の贈与には、受贈者1人につき年間110万円の非課税枠が認められています。また、受贈者の制限がないという点も見逃せません。相続時に孫へ財産を遺贈した場合に相続税は2割加算されますが、贈与税は加算されません。

　財産の総額・贈与の期間・人数などを総合的に勘案し、より少ない税負担で資産を移動できる贈与計画を立てることがポイントです。

① 贈与税の計算方法

　贈与により財産の移転が行われた場合、財産を取得した者（受贈者）に課税されます。

　　税額＝（1年間の贈与の合計額－110万円）×税率－控除額

贈与税の速算表

平成27年1月1日以後の贈与					
右記以外の贈与			20歳以上で直系尊属からの贈与		
基礎控除後の課税価格	税率	控除額	基礎控除後の課税価格	税率	控除額
200万円以下	10%	—	200万円以下	10%	—
300万円以下	15%	10万円	400万円以下	15%	10万円
400万円以下	20%	25万円			
600万円以下	30%	65万円	600万円以下	20%	30万円
1,000万円以下	40%	125万円	1,000万円以下	30%	90万円
1,500万円以下	45%	175万円	1,500万円以下	40%	190万円
3,000万円以下	50%	250万円	3,000万円以下	45%	265万円
3,000万円超	55%	400万円	4,500万円以下	50%	415万円
			4,500万円超	55%	640万円

　平成27年より、子や孫への財産の移転を促進するため、税率が若干軽減されています。設例によって、生前贈与の重要性を理解してください。

事例

　Ａ院長には５億円の財産があり、妻と２人の子供、２人の孫がいます。そこで、配偶者、長男・長男の配偶者、次男・次男の配偶者、孫２人の計７人に毎年110万ずつ10年間贈与（総額７×110×10＝7,700万円）しました。
（平成27年以降に贈与開始）

対策前
［相続財産］　　５億円
相続税額　　　5,640万円

⇒

対策後
［相続財産］　42,300万円
［贈与財産］　　7,700万円
　贈与税額　　　　　0円
　相続税額　　　4,225万円

結論：相続税額を1,415万円（＝5,640－4,225）節税することができました。

② **贈与の際の留意点**

　贈与を行った証拠をしっかりと残しておくことが重要です。金銭の贈与であれば、銀行振込を利用し、通帳にその証拠を残しておくとよいでしょう。また、110万円を上回る贈与を行うことで、贈与税の申告書を証拠書類として利用することも有効な対策といえます。

③ **贈与税の配偶者控除の特例**

　婚姻期間が20年以上の配偶者へ居住用不動産又は居住用不動産を取得するための資金を贈与する場合、基礎控除110万円の他に最大2,000万円まで贈与税が課税されません。また、相続開始前3年以内に贈与された財産であっても、相続財産には加算されません。したがって、贈与税の配偶者控除の特例は、生前中に必ず実行しておかねばならない相続税対策といえます。

　なお、贈与の特例には、住宅取得等資金の贈与の特例、教育資金の一括贈与の特例（参照：第9章　個人財産と相続税対策）があります。

（2）　相続時精算課税

　相続時精算課税制度は、蓄財する親の財産を消費する子へ移転し、消費を拡大させることを目的として平成15年に設けられました。60歳以上（平成26年までは65歳以上）の親から20歳以上の推定相続人である子及び孫（平成26年までは子のみ）に対して行われた贈与について適用することができます。

　この制度を選択すると、2,500万円に達するまでは贈与税が課税されず、これを超えた部分について一律20％の贈与税が課税されます。例えば、4,000万円の財産であれば、300万円（＝（4,000－2,500）

×20％）の贈与税を支払うことで財産を移転することができます。そして、相続発生時に当該贈与財産を加算した相続財産を基に相続税額を算出し、支払った贈与税額を控除した金額を相続税として納付します。つまり、本制度は単なる相続税の前払いであって、相続税自体が軽減されるわけではない点に注意が必要です。

相続時精算課税制度を一度選択すると、以降は暦年贈与を選択できません。ただし、贈与を受ける人は、贈与者ごとに相続時精算課税制度の適用を受けるか否かを選択できるため、例えば、父からの贈与については相続時精算課税制度を選択し、母からの贈与については暦年贈与を選択するということは可能です。

また、相続財産に加算される贈与財産の評価額は贈与時の評価額で固定されます。例えば4,000万円の不動産を相続時精算課税制度によって贈与した場合、相続発生時の当該不動産の評価額が3,000万円であっても5,000万円であっても、相続財産に加算される金額は4,000万円となります。いわば"諸刃の剣"の制度であり、贈与対象財産の選択には注意を要します。例えば、医療法人の出資持分は、病医院の利益が増加すればするほど評価額は高くなっていきます。この場合、評価額が相対的に低い時期に相続時精算課税制度により贈与しておくことで、以降の持分評価額の上昇による相続税額の増加を抑えることができます。しかし、出資持分の評価額を戦略的に下げる対策を行えば、相続時精算課税制度を利用した贈与はあまり得策にはなりません。

暦年課税と相続時精算課税の相違点

	暦年課税	相続時精算課税（平成27年以降）
贈与者の条件	なし	60歳以上（住宅取得資金の贈与は条件なし）
受贈者の条件	なし	20歳以上の推定相続人である子・孫
届出	不要	必要（選択届）
非課税枠	毎年110万円の基礎控除	累積で2,500万円
税額	（1年間の贈与の合計額－110万円）×税率－控除額	（受贈額－2,500万円）×20%
相続税との関係	相続財産からは切り離される（相続開始3年以内を除く）	贈与時の評価額を相続財産に加算して相続税を算出
相続税を減少させる効果	あり	なし（時価上昇の抑制効果あり）

第3章

遺言・遺産分割の基礎知識

1 遺言書は円満相続の道しるべ

　相続にまつわるトラブルの多くは、相続財産の分割をめぐって起こります。したがって、残された家族が相続でもめることがないよう、遺言書の作成を早いうちから検討する必要があります。遺言書は被相続人の意思を書面に残したものであり、法定相続分より優先されるものです。このため、遺言内容が後に説明する遺留分を侵害していない限り、原則として遺言どおりに遺産分割がされることになります。遺言書に病医院の経営にかかる財産は後継者である子に相続させることを記載しておけば、スムーズに医業承継を実現できます。また、遺言書を作成することによって、病医院を守ることはもちろん大切なご家族様の絆を守ることもできます。生前から話し合いを重ね、病医院の経営方針や財産承継のイメージなどを共有し、家族全員が納得の上で遺言書を作成できれば理想です。遺言書の作成が望ましいとされる主なケースは次のとおりです。

　①　病医院の後継者を指定したい場合
　②　配偶者に自宅と生活資金を確保させたい場合
　③　先妻の子供と後妻の子供がいる場合
　④　相続権のない人に財産を与えたい場合
　⑤　財団法人等へ寄付したい場合
　⑥　遺産分割方法の指定及びその委託をしたい場合
　⑦　相続人相互の担保責任を指定したい場合

遺言書の種類

　遺言書には、①自筆証書遺言・②公正証書遺言・③秘密証書遺言の3種類があります。定められた方式に反する遺言は無効になりますので注意が必要です。

①　自筆証書遺言
　遺言者が、遺言の内容・日付・氏名を自筆し押印することで作成する最も簡単な遺言書です。
【メリット】
- 1人で作成できる
- 費用がかからない
- 内容の秘密が保てる　等

【デメリット】
- 形式や内容の不備による遺言無効のリスクがある
- 相続開始時に家庭裁判所の検認を受けなければならない
- 遺言が発見されないリスクがある
- 偽造や改ざんのおそれがある　等

②　公正証書遺言
　遺言者が公証役場へ行き、遺言者が口頭で述べた内容を2人以上の証人の立会のもと、公証人が文章にした遺言書です。遺言書の原本は公証人役場に保管され、正本は遺言者にて保管します。なお、相続人・直系血族などは証人になれませんので注意してください。

【メリット】
- 法的な不備を回避できる
- 署名のみで遺言作成が可能
- 紛失や偽造のおそれがない　等

【デメリット】
- 遺言の内容と存在がオープンになる
- 手続きが煩雑であり、公証人への手数料がかかる
- 公証人役場に行かなければならない　等

③　秘密証書遺言

遺言者が作成し封印した遺言を公証人役場に持参し、遺言者と2人以上の証人が署名・押印して作成する遺言書です。公正証書遺言と同様、相続人・直系血族などは証人になれませんので注意してください。

【メリット】
- 紛失や偽造のおそれがない
- 内容の秘密が保てる　等

【デメリット】
- 公証人への手数料がかかる
- 形式や内容の不備による遺言無効のリスクがある
- 公証人役場に行かなければならない　等

どの遺言にも一長一短ありますが、家庭裁判所の検認が不要で、様式や内容の不備によって遺言が無効となるおそれのない公正証書遺言が、一番確実で安心できる手段といえます。また、公正証書遺言にて遺言執行者を定めておけば、すぐに被相続人名義の預金を引き出すことができます。葬式等の支払いに充てることができること

等、残された家族にとって非常にあり難い手段となります。

遺言書の種類と特徴

	自筆証書遺言	公正証書遺言	秘密証書遺言
作成者	本人	公証人	本人
書く場所	どこでもOK	公証役場	どこでもOK
立会人	不要	公証人1人 証人2人	公証人1人 証人2人
ICレコーダ ワープロ	不可	可	可
署名・押印	本人	本人・証人・公証人	本人　封書は本人・証人・公証人
印鑑	実印・認印・拇印	本人　実印・印鑑証明／証人　認印＋住民票・運転免許証等	本人　遺言書に押印した印鑑／証人　実印　認印
費用	かからない	公証人の作成手数料	公証人の作成手数料
家庭裁判所の検認	必要	不要	必要
保管	本人	原本　公証役場 正本　本人	本人
備考	・不備になる可能性がある ・紛失する可能性がある	・保管が安心 ・証人から内容が漏れる恐れがある	・秘密は守られるが不備になる可能性がある

　公正証書遺言以外については、家庭裁判所の遺言書の検認が必要です。検認は遺言書の偽造や変造を防ぎ、いわば証拠保全としての役目を担っています。封印された遺言書は家庭裁判所でしか開封できませんので、注意してください。もし、発見者が勝手に開封してしまうと5万円以下の過料に処せられることもあります。したがって、「開封せず家庭裁判所の検認を受けること」といった一文を封

筒の裏面に入れるようにします。なお、検認はあくまで外形的な確認手続きであるため、開封してしまったとしても遺言の効力そのものが失われるものではありません。検認の流れは次のようになります。

遺言書検認の流れ

検認の申立て（家庭裁判所へ遺言書の保管者・発見者が申立て）
　　↓
検認期日の通知（家庭裁判所から検認期日を相続人全員に通知）
　　↓
検認の実施・通知（相続人立会いのもとで検認し、検認調書を作成）
　　↓　　　　　（立会いしなかった相続人は、別途通知）
検認済み証明書の交付
　　↓
遺言書の返却

遺留分について

（1）遺留分と減殺請求

　民法では、相続人に対して最低限の財産（遺留分）を残すように定めています。遺留分が認められるのは、配偶者・子・父母に限られています。法定相続人第3順位である兄弟姉妹には遺留分はありません。この制度は、被相続人が亡くなられた後に残された配偶者・子供たちへの生活保障や被相続人の財産形成への寄与に配慮して設けられたものです。遺留分を侵害された相続人は、受遺者（遺言によって財産を取得した者）や受贈者（贈与によって財産を取得した者）へ申し出ることで相続財産を取得する権利を主張することができます。これを遺留分減殺請求といいます。遺留分減殺請求は相続開始及び遺留分の侵害を知った日から1年以内かつ相続開始から10年以内に行わなければなりません。

（2）遺留分の計算方法

　遺留分の計算の基礎とされる額は、被相続人の相続開始時における財産（遺贈財産を含む）の価額に、相続開始前1年間になされた生前贈与・特別受益にあたる生前贈与・遺留分権利者に損害を与えられたとする贈与を加算し、債務の金額を控除して求めます。

　各相続人の遺留分である個別遺留分は"総体的遺留分×法定相続分"で計算されます。例えば、配偶者と子供2人である場合には、配偶者は$1/2 \times 1/2 = 1/4$、子供は$1/2 \times 1/4 = 1/8$ずつが遺留分とな

ります。下表にて遺留分の割合と計算例を示しています。相続財産の総額とあわせて遺留分の額も試算しておくとよいでしょう。

遺留分の割合

法定相続人	配偶者	子	父母	総体的遺留分
配偶者	1/2	―	―	1/2
子	―	1/2	―	1/2
配偶者と子	1/4	1/4	―	1/2
父母	―	―	1/3	1/3
配偶者と父母	1/3	―	1/6	1/2

事例

被相続人が「相続財産10億円をすべて医業承継者である長男に相続させる」と遺言を残した場合の遺留分の計算方法（生前贈与・特別受益がない場合）

配偶者

10億円×1/2（総対的遺留分）×1/2（法定相続分）
＝2.5億円

長男・医業承継者　長女

10億円×1/2（総体的遺留分）×1/4（法定相続分）
＝1.25億円

遺言書作成のポイント

　自分の財産は、原則として、生前贈与や遺言によって、自由に処分することができますが、民法では、相続人に対して最低限の財産（遺留分）を残すように定めています。遺留分を侵害している遺言が無効になるわけではありませんが、トラブルの原因となりますので、遺留分を侵害しない範囲で遺言を残すようにしなければなりません。なお、遺言書は次の点に気を付けて作成してください。

① **ルールを守ること**

　自筆証書遺言の場合、必ず遺言者本人が自筆で遺言の全文を書いてください。パソコンやスタンプ等で作成したものは認められません。また、不動産は、登記簿謄本どおりに書いてください。預金は預金先の銀行名と支店名まで書き、預金残高は変動するので記載しないでください。

② **納税資金や税法の特例を考慮した上で相続人を指定すること**

　遺言者にとっては望ましい遺産の分配であっても、相続人が納税資金を払えないなどトラブルが発生する場合があります。医療用財産等については承継者を相続人に指定し、自宅や重要財産についてのみ相続人を指定し、その他の財産はあえて指定しないなどある程度裁量の余地を残すことでトラブルを回避できます。

③ **借入金の指定を怠らないこと**

　相続人が指定されていない借入金の場合、法定相続人全員の債務とされます。債務の相続人を指定しておかないと、財産は欲しいが債務は引き受けたくない、と遺産分割の際にもめる原因となりま

す。特に医療関係の借入金は承継者を忘れずに指定してください。
④　**不動産は共有にしないこと**
　病院敷地の取得者は、原則として配偶者と医業承継者のみとし、他の相続人と共有相続にしないようにします。不動産を共有にすると自由にコントロールすることができなくなるため、トラブルの原因になります。
⑤　**遺言書は必ず顧問税理士にもチェックしてもらうこと**
　せっかく残した遺言書も、残された家族の禍の種となってしまっては元も子もありません。遺留分を侵害した遺言書になっていないかどうか、顧問税理士に確認してもらった上で遺産分割方法を決めるようにしてください。
⑥　**重要な付言事項**
　遺言書の末尾に、財産の分け方の理由や家族全員に対する愛情と感謝の気持ちを込めた付言事項を残しておくとよいでしょう。亡くなられた方がどのような気持ちで自分たちに財産を遺していってくれたかを理解できれば、争い事をやめようという気持ちになるものです。

遺産分割について

（1）遺産分割の判断基準

　相続財産の分割は、相続人間の協議により、自由に遺産分割することができます。仮に遺言書があったとしても、相続人間及び受遺者で話がまとまれば、遺言と異なる分割も可能です。ただし、相続人全員が参加せずに遺産が分割された協議書が作成された場合、協議書は無効となります。

　また、遺産分割協議書によって相続税の申告をし、その後遺産分割を変更すると、一旦相続した後に相続人の間において、贈与があったものとみなされ贈与税が課税されるため、充分話し合って分割を決めなければなりません。遺産分割をどのようにするか、その判断は大変難しいことですが、次のような基準で判断するとよいでしょう。

遺産分割の判断基準

① 医療関連の資産を医業承継者に分割する
② 自宅不動産を同居している相続人に分割する
③ 相続人の状況を考慮する（性格、寄与分、生前贈与等を考慮する）
④ 相続税の特典を享受できるように分割する
⑤ 納税資金を確保する（売却すべき財産に合意する）
⑥ 分割財産に納得できる（遺留分等をクリアーする）
⑦ 将来のトラブルを避けて分割する（共有は避ける）

(2) 遺産分割の種類

　金融資産は、分割が容易で、また、時価が直接資産価値として反映されているので、分割自体でトラブルになることはほとんどありません。しかし、不動産の場合、相続税評価額や不動産鑑定士の鑑定評価額は、実際に売却したときの売却価額と大きく異なることがあります。そのため、相続人全員が納得して円満に分割できるようにすることが大切です。

　遺産分割には次のような分割方法があります。

① 現物分割

　一般的な方法で、遺産そのものを物理的に相続人に分割する方法です。

② 換価分割

　不動産を売却して、売却代金を分割する方法です。不動産を分割すると価値が低下してしまう場合に、この方法がとられます。換価分割は、相続した不動産を処分するため、処分に要する費用や譲渡所得税が発生することに注意しなければなりません。

③ 代償分割

　院長先生の相続では、医業承継者に多くの医療関連の財産が相続されます。そのため、特定の相続人が財産を相続する代わりに、他の相続人などに金銭等を渡すことによって、相続人の間の分割の不満を解消する方法です。

④ 共有分割

　相続財産を共有持分の割合に応じて所有する方法です。相続財産を共有で相続すると、後々さまざまな問題が発生します。ただし、相続後、第三者に売却する予定の財産であれば、共有相続することもよいでしょう。

分割の不満を解消させる代償分割

　医業承継では、相続人間の分割財産のアンバランスを解消する対策をおろそかにしてはなりません。その解消の1つの方法として、代償分割があります。代償分割とは、特定の相続人に相続財産を取得させ、その代わりその相続人が所有している金銭やその他の財産を他の相続人に与え、それぞれの相続分をできるだけ平等に近づけ、分割での不満を解消する遺産分割の方法です。

> **設例**
>
> | 相続人 | 長男（医師） | 次男（弁護士） |
> |---|---|---|
> | 相続財産 | 診療所敷地 | 20,000万円 |
> | | 診療所建物等 | 6,000万円 |
> | | その他の財産 | 4,000万円 |
> | | 合　計 | 30,000万円 |
>
> 　次男は、医師の長男が医院の財産2億6,000万円を相続することには何ら異論はありませんが、自分も相続人であるので、1億円はもらいたいと主張しています。長男は、将来のことも考え、診療所の敷地はすべて自分が相続したいと考えています。

解決策

　長男は次男に6,000万円を代償交付金として支給することにしました。

税法上も、長男が自分の財産を次男に渡す行為は、遺産分割の方法の一環として認めています。なお、代償財産として金銭を交付する場合には課税上の問題は生じませんが、金銭以外の財産（土地、建物、ゴルフ会員権、有価証券など）を次男に与える場合には、長男に対して時価で当該財産を譲渡したものとみなし、譲渡所得が課税されますので注意しなければなりません。

（単位：万円）

	長　　男	次　　男
分割財産の価額	26,000	4,000
金　銭　分　割	△6,000	6,000
課　税　価　格	20,000	10,000

　病医院にかかわる相続財産が多額になると、代償交付金も多額になります。そのため、医業承継者が蓄積した個人財産だけでは、間に合わないことがあります。このような場合、代償交付金を用意、確保するために有効な手段が生命保険です。医業承継者＝契約者・保険金受取人として、父親（院長）＝被保険者、として生命保険に加入し、保険料は医業承継者が負担します。父親（院長）に相続が発生した場合、保険金受取人である医業承継者に保険金が支払われます。この保険金は相続財産ではなく、受取人の一時所得となり課税対象となります。

　一時所得の税金は、次のように算出されます。

　　受取保険金：　　1億円
　　支払保険料：2,000万円
　　税金（所得税・住民税）：
　　　（10,000－2,000－50）×1/2×50％（実効税率）＝1,988万円
　　手取金額：8,012万円

生命保険は、受取保険金が高ければ、当然、保険料も高くなり、医業承継者の負担も大きくなりますが、早い時期に生命保険契約をしていれば、被保険者である父親もそれだけ若いので保険料も安くなります。その意味でも、早いうちから家族間で医業承継や遺産分割について充分話し合い、円滑な医業承継ができるよう、準備をしておくことが大切です。

第4章

医業承継と生命保険の役割

1 生命保険が相続に有効な理由

　相続時に発生する相続税という潜在的債務に対して有効なのが生命保険です。生命保険は個人病医院では、生命保険本来の役割を発揮しますが、医療法人においては、退職金の原資になる役割を担います。経営形態が違っても、生命保険があれば、遺族に現金を支給することができます。

　相続に生命保険が有効といわれる主な理由は次のとおりです。

① **納税資金に充当できる**

　　相続税は、納税期限までに、金銭で一括納付することが原則になっています。もし納めることができなければ、多額の延滞税などの余分な税金が課せられます。その点、生命保険金は、納税期限までには確実に現金で支給されるため、納税資金を確実に確保できます。

② **現物分割に利用できる**

　　相続財産の分割で、アンバランスが生じるようなことがあっても、被相続人を受取人とした保険があれば、保険金の分割でアンバランスを調整することができます。

③ **代償分割に利用できる**

　　医業承継人が医療資産を相続すると、多額の相続財産が承継人に相続されることになります。それが、遺産分割でもめる要因となります。この場合、承継人が被保険者を父親にした生命保険に加入していれば、相続発生時に、受け取った生命保険金を原資に他の兄弟へ相当の金銭を支払うことができるので、遺

産分割を上手に行うことができます。

④ **受取人を指定することができる**

　最高裁の判決で、「保険金は相続の対象外であり、遺産相続の対象となる特別受益にあたらない」とされました。したがって、保険金は受取人固有の財産であるので、受取人を指定することによって、特定の人に保険金を渡すことができます。

　ただし、医療法人の場合は、保険金ではなく、死亡退職金として相続人に支給されますので、通常は、特定の相続人が固有の権利として受領することはできません。

⑤ **非課税枠がある**

　保険金の非課税規定により、相続人（相続を放棄した者を除く）が取得した生命保険金については、「500万円×法定相続人（相続を放棄した者を含む）の数」に相当する金額（保険金の非課税限度額）は課税されません。例えば配偶者と子供３人が法定相続人であれば、2,000万円（500万円×４人）までは相続税が課税されません。無審査で加入できる生命保険を利用すれば、被相続人が高齢であったり、病弱であっても加入できるので、生命保険は、必ず非課税枠まではかけておきましょう。なお、医療法人から支給される死亡退職金にも、法定相続人１人当たり500万円の非課税枠があります。各相続人の取得した保険金の合計額が保険金の非課税限度額を超える場合には、各相続人は下記の算式により計算した金額が非課税となります。

$$\text{保険金の非課税限度額} \times \frac{\text{その相続人が取得した保険金の合計額}}{\text{各相続人が取得した保険金の合計額}} = \text{その相続人の非課税金額}$$

納税資金対策の目的で生命保険に加入する場合は、まず、相続税がいくらになり、現在、納税資金がどのくらいあり、不足分の納税資金を生命保険でいくら確保するのか、その場合の保険料はいくらになるのか、受取人は誰にするのかなどしっかり検討しなければなりません。

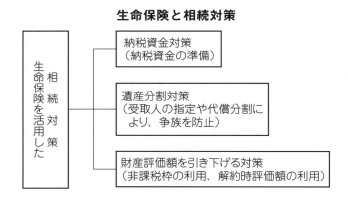

生命保険と相続対策

② 欠かせない保険の見直し

　相続対策に生命保険は、大変重要な役割を持っていますが、加入目的をしっかり理解しないまま、勧められた保険に加入し、保険料を支払っている人が多く見られます。

　まず、加入している保険が、本当に相続対策に有効であるかを見直してください。チェックポイントは次のとおりです。

(1) 個人病医院と保険の見直し

①　満期が70歳〜80歳の生命保険

　保険期間が70歳〜80歳といった平均寿命より短い定期保険は、相続対策には不向きです。保険料を支払っていても、溝に捨てているようなものといえます。相続対策のためには、実質的に終身とされる生命保険でなければなりません。

②　保険金額が非課税限度より低い生命保険

　法定相続人1人に対して500万円の非課税規定があります。生命保険は嫌いという人でも、相続人のために、非課税枠限度までの保険金が終身保障されるように保険金額を増額してください。

③　終身保険の見直し

　保険料を終身払うような終身保険もあります。このような保険の場合、保険金額より、支払った累計保険料額の方が多くなってしまう生命保険もあります。このような保険であれば、見直す必要があります。

(2) 医療法人と保険の見直し

① 満期が90歳より前の保険

解約金の解約返戻率が低いため、満期が95歳から100歳の長期平準定期保険に変更することが必要です。長期平準定期保険なら、解約返戻金が多く、役員を勇退退職する場合にも有利です。

② 全額積立金の終身保険

契約者が医療法人であれば、保険料が損金になる保険も多くあります。保険料が全額積立金になる終身保険に加入していれば、医療法人のメリットをみすみす失っています。満期が95歳から100歳の長期平準定期保険なら保険料の半分は損金になるので、相続に備えて、大きな保険金をかけることができます。

③ 無駄な医療保険

役員の疾病や入院に備える目的で、医療法人が医療保険に加入していることがあります。役員が入院し、医療保険がおりたとしても、役員に損金として支給できる金額は、税法上、見舞金程度とされています。保険金との差額は雑収入として課税されるので、医療保険は医療法人でかける保険ではありません。個人で加入すれば、入院保険を受領しても非課税となります。

③ 相続対策には、どんな保険がいいのか

　院長先生の相続・承継対策には、終身保険と長期平準型定期保険が最も適しています。

（1）終身保険の上手な利用方法

　終身保険は被保険者が亡くなるまで保障されているので、相続が発生すれば必ず保険金が支払われる保険です。終身保険は次の3つの目的のために加入します。

① 納税資金のために

・契約形態

契約者	被保険者	保険金受取人
院長先生	院長先生	後継者

　多額になる相続税を保険金ですべてを賄うことはできませんが、負担できる範囲で、できるだけ大きい保険金にしましょう。個人病医院では、生命保険料は税金を支払ったあとの余剰金で生命保険料を支払うことになります。過大な負担を要する大型の生命保険に加入することは困難です。医療法人であれば、保険料が損金となる生命保険もあるので、大型の生命保険に加入することは容易です。その意味で、相続税対策のために医療法人化するのも合理的な対策といえます。

② 二次相続対策のために
・契約形態

契約者	被保険者	保険金受取人
院長先生	配偶者	院長先生

※　保険料は月払いで加入

【相続発生後】

契約者	被保険者	保険金受取人
配偶者	配偶者	後継者

院長先生に相続が発生すると、「生命保険の権利の評価額」が相続財産に加算されますが、配偶者控除を利用すれば相続税が課税されないこともあります。そして、二次相続に備えて、契約者を配偶者に、保険金受取人を後継者に変更します。変更後、保険料は全期前納にするとよいでしょう。

③ 代償分割のために
・契約形態

契約者	被保険者	保険金受取人
院長先生又は後継者	院長先生	後継者

遺産分割を円滑にするために代償分割の原資に利用します。

保険料は院長先生もしくは後継者に保険料の支払能力があれば後継者が支払います。院長先生に相続が発生すれば、契約者が院長先生の場合は相続財産に加算され、契約者が後継者であれば、後継者の一時所得となります。保険金受取人である後継者は、保険金を利用して代償分割し、遺産分割を円滑に進めることができます。

（2）長期平準型定期保険の利用の仕方

・契約形態

契約者	被保険者	保険金受取人
医療法人	院長先生	医療法人

　長期平準型定期保険は、保険期間を非常に長くして加入するタイプの保険で、95歳～100歳を満期にする保険です。長期間保障する保険であるので、実質的にはほとんど終身と変わりありません。医療法人の場合、保険料を損金に算入することができます。

　院長先生に相続が発生すると、保険金が医療法人に入金されてきます。そこで、保険金を原資に相続人に死亡退職金を支給します。相続人は医療法人から支給される退職金で、納税資金の一部を賄うことができます。

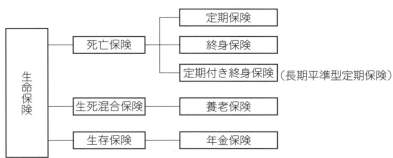

保険の種類

④ 生命保険と税金の関係

　生命保険を使った相続税対策を考える際には、生命保険の契約者・被保険者・受取人をそれぞれ誰にするかによって税金の種類が異なる点及び税金の種類によって課税関係が異なる点を押さえておく必要があります。保険金とその税目及び課税対象額は下表のようになります。

生命保険の課税関係

契約者	被保険者	受取人	税金の種類
院長先生	院長先生	子供	相続税
子供	院長先生	子供	一時所得（所得税等）
配偶者	院長先生	子供	贈与税

生命保険にかかる税金別課税対象額

税金の種類	課税対象額
相続税	受取保険金額−（500万円×法定相続人の数）
一時所得	（受取保険金額−支払保険料−50万円）×1/2
贈与税	受取保険金額

⑤ どのくらいの生命保険に入ればよいか

　どのくらい保険金をかければよいかは、相続税額、相続人の支払能力、契約者が個人か法人か、などによって違ってきます。個人病医院の場合は、所得税等を負担した後の可処分所得から生命保険料を支払うことになるため、かけられる保険料は限られてきます。一方、医療法人の場合は、契約者と受取人を医療法人とし理事長を被保険者とする定期保険に加入すれば、保険料全額が法人の経費となるため（保険の種類によって保険料半額が経費となる場合もある）高額な保険に加入しやすいです。

　医療法人の場合、過大退職金は税法上損金にはなりませんが、相続税の支払額をベースに死亡退職金を決定するということが実務上よく行われています。例えば、相続税の支払いに３億円必要な場合、受取保険金が４億円の保険に加入します。院長先生に相続が発生した際、遺族に死亡退職金３億円を支払います。医療法人の税務調査にて、退職金の適正額が２億円であると否認された場合、過大退職金を加算した２億円について法人税等が課せられます。仮に実効税率を50％とすると１億円の税金負担が生じますが、４億円の受取保険金と遺族に支払った死亡退職金３億円の差額１億円が医療法人に残っているので、財務内容を悪化させることなく税金を支払うことができます。また、遺族も遅滞なく相続税を支払えるので保険金４億円は理想的な保険金額ということになります。

> **解説** 保険を利用することで、資金繰りを悪化させることなく税金を支払える
>
> 〈法人課税所得〉
>
> | | |
> |---|---:|
> | 保険収入 | 4億円 |
> | 死亡退職金 | △3億円 |
> | 過大退職金 | 1億円 |
> | 合計 | 2億円 |
> | 税金 | 1億円 |
>
> （実効税率50％）
>
> 〈法人資金収支〉
>
> | | |
> |---|---:|
> | 保険収入 | 4億円 |
> | 死亡退職金 | △3億円 |
> | 税金の支出 | △1億円 |
> | 合計 | 0円 |

　相続はいつ発生するかわからないため、むやみに高額な生命保険に加入すると、医療法人の資金繰りが圧迫されるため、総合的な角度から保険金を決める必要があります。

6 生命保険を利用した相続税対策

(1) 保険金を子供の一時所得とする

　相続財産が多額にあり、相続税の実効税率が高い院長先生の場合、生命保険を相続財産にしないで、子供の一時所得として所得税、住民税の課税を受けたほうが有利となる場合があります。このようにするには、契約者＝子供、被保険者＝院長、受取人＝子供、という保険に加入します。一時所得は次にように算出します。

$$\{(生命保険金-支払保険料)-50万円\} \times \frac{1}{2}$$

　一時所得は支払保険料を控除できるうえ、50万円の特別控除、さらに控除後の2分の1は非課税となるため、かなり税金が軽減されます。相続税の最高税率は、所得税と住民税の最高税率と同じですが、課税所得が2分の1になるため一時所得のほうが有利になります。相続税の適用税率が高い資産家には、一時所得にしたほうが有利といわれるゆえんです。

　契約者を子にするので、子が学生で収入がない場合は、生前贈与によって子が保険料を支払えるようにします。生前贈与によって相続財産も減り、ダブルの節税効果が期待できます。

(2) 生命保険の相続税評価額を利用する

　院長先生が高齢、健康の理由で保険に加入できない場合に利用する方法です。これは、契約者＝院長先生、被保険者＝院長先生夫人

(もしくは子)、受取人＝院長先生、とする保険です。院長先生に相続が発生すると、被保険者が院長先生ではないので、この契約による保険金はおりませんが、生命保険契約に関する権利が相続財産となります。この生命保険契約に関する権利の評価額は、税法上、解約返戻金の額と定められているので、支払保険料と解約返戻金の差額分だけ相続財産を圧縮させることができます。

　資産家の院長先生の一次相続では、院長夫人が引き継ぐ財産も多額になりますが、配偶者控除の特典により、配偶者が納税資金で困ることはほとんどありません。しかし、院長夫人が亡くなり二次相続が発生すると、配偶者控除の特典がないため、相続税が多額に発生します。したがって、一次相続で、この保険を配偶者ではなく、子に相続させ、契約者、受取人を子に名義変更するようにします。そうすれば、二次相続が発生しても、保険金が子に支給（一時所得になる）されるので、保険金を納税資金として充てることができます。

一次相続対策

契約者	被保険者	保険金受取人
院長先生	配偶者	院長先生

※　保険料は、月額で支払う。

二次相続対策

契約者	被保険者	保険金受取人
子	配偶者	子

※　保険料は、全期前納にする。

第 5 章

個人病医院の相続税対策

1 生前承継と相続税対策

　承継には、生前承継と相続承継があります。相続発生前に院長の座を後継者に譲ることを生前承継、相続の際に院長の座が後継者に代わることを相続承継といいます。個人病医院を承継するには、現病医院を廃院し、新たに開業するという手続きが必要になります。具体的には開設者・管理者の登録をすることになりますが、保険医療機関の指定が受けられるまでは保険診療ができません。場合によっては、指定が受けられるまでの間、休診せざるを得なくなります。そうした事態が起こらず、保険診療がシームレスに行えるよう、譲り渡す医師と譲り受ける医師が一定期間一緒に診療していれば、保険医療機関の指定を遡及して適用を受けることができます。例えば、譲り渡す医師が3月20日で亡くなられ、譲り受ける医師が3月21日で開設者・管理者の届出をし、同時に遡及願いを添付して保険医療機関の指定を申請すれば、4月上旬の審査会で認められたとしても3月21日に遡って保険医療機関として認められます。したがって、生前承継でなくとも、承継者が生前から診療に携わることでシームレスに診療を継続することができるようになります。なお、本遡及は個人病医院から法人成りする場合や近隣への診療所移転の場合にも認められる制度です。

　税務手続きは、所轄税務署への各種届出（事業開始の届出、青色申告の届出など）が必要となります。また、実務的には親が所有する診療所の土地建物や医療器械などの医療施設をどのように承継させるかが問題になります。医療施設を子に移転するには、贈与か売

買が考えられます。贈与の場合には贈与額が年間110万円を超えれば贈与税が、売買の場合には売買した資産に売却益が生ずれば譲渡所得税が課されます。

（１）医療施設の譲渡

　医療施設である宅地を後継者である子に譲渡した場合、取得時より値上がりしていると譲渡人である親に譲渡所得税が課税されます。そのため、土地は譲渡せずに帳簿価格（簿価）で譲渡することができる建物や医療器械などを譲渡の対象とするのが一般的です。建物や医療器械などは、簿価で譲渡すれば税金を払わずに移転することができます。

　また、資産の譲渡にかかる税金の取扱いは、譲渡資産が不動産か医療器械等の動産かによって異なってきます。不動産の譲渡は分離課税とされ、事業所得や給与所得などとは切り離して税金が計算されます。一方、動産の譲渡は総合譲渡所得とされ、事業所得や給与所得などと合算されます。それぞれの詳細は次のとおりです。

不動産譲渡にかかる税金

所有期間	課税所得	税率
５年以下	譲渡価額－（取得費＋譲渡費用）	39.63％
５年超	同上	20.315％

※　所有期間は、売却年の1月1日現在で判定します。

動産譲渡にかかる税金

所有期間	課税所得	税率
５年以下	譲渡価額－（取得費＋譲渡費用）－50万円	所得金額による
５年超	（譲渡価額－（取得費＋譲渡費用）－50万円）×1/2	同上

※　所有期間は、売却時点で判定します。

（2）医療施設の贈与

　暦年贈与による場合、贈与額が年間110万円を超えれば贈与税が課税されます。一方、相続時精算課税制度を利用して贈与すれば2,500万円までは贈与税は非課税となります。ただし、相続時精算課税制度によって贈与された財産には相続税がかかるため、暦年贈与を利用したほうが一般的には有利になります。

（3）医療施設の貸借

　子に医療施設を無償あるいは有償で使用させる、すなわち医療施設を貸借する場合は、生計が一である場合と生計が別である場合とで税務上の取扱いが大きく異なります。

① 生計が一である場合

　　生計が一であるとは、生活費を同じ財布で暮らしているということです。子が結婚していれば、通常は生計を別にしているということになります。生計が一である場合、親に賃貸料を支払っても子の事業所得の必要経費にはなりません。一方、無償（対象施設の固定資産税相当額以下の低額有償も含む）で親の医療施設を借りた場合、医療施設の減価償却費や親が負担した維持費等は子の事業所得の必要経費になります。したがって、生計が一である場合は、通常、医療施設の貸借は使用貸借（無償）にします。

　　また、診療に従事する前院長に支払う給与は専従者給与に該当するため、所轄税務署に専従者給与の届出書を提出しなければ必要経費に算入することはできません。税法には専従者の従事期間は年を通じた事業期間の半分を超えなければならないという規定があります。前院長が体調を崩され、事業期間の半分

以下しか従事できなかった場合には、当該給与は必要経費にはならない点に注意が必要です。

② **生計が別である場合**

　医療施設を賃貸借（有償）によった場合、子が支払った賃借料は必要経費に、親が受け取った賃貸料は収入に、親が所有する医療施設の減価償却費や維持費等は親の不動産所得の必要経費になります。無償で医療施設を使用させる場合には、親が所有する医療施設の減価償却費や維持費等は必要経費になりません。したがって、生計が別である場合には、親と子で医療施設の賃貸借契約を締結することになります。なお、親が既に契約しているリースや借入金などは中途解約が難しいため、通常、親から子への転貸という形をとり、子が実質的に負担するようにします。なお、診療に従事する前院長に支払う給与は、一般職員と同様に必要経費になります。

医療施設を子に貸す場合の取扱い

	賃貸借（有償）	使用貸借（無償）
生計一	賃貸借はないものとされるが、医療施設の減価償却費や維持費等は子の必要経費になる	医療施設の減価償却費や維持費等は子の必要経費になる
生計別	親に賃貸による事業所得・不動産所得が発生する	医療施設の減価償却費や維持費等は必要経費にならない

相続承継と相続税対策

(1) 承継前の事前準備

　院長を引き継ぐまでの間、後継者である子が副院長として勤務すれば、副院長としての給与を受けることができます。院長と後継者が生計を一にしていれば、専従者給与に関する届出を所轄税務署に提出すれば必要経費とすることができます。また、生計を別にしていれば、通常の職員と同様に副院長の給与は必要経費になります。院長の高齢化に伴い後継者が診療のほとんどを行っていれば、後継者の給与が親である事業主の給与を上回ったとしても、税務上否認されることはありません。

(2) 効果抜群の後継者への退職金

　事業主である院長先生や院長夫人には退職金を支給できませんが、副院長と生計が別であり、「院長の死亡に伴い副院長が退職する場合には退職金を支払う」旨を記した退職金規程があれば、副院長への退職金を必要経費とすることができます。生前承継より勤続年数が長くなるため、生前承継よりも多くの退職金を支給することができます。この退職金は相続税の納税資金や代償分割の原資として活用できます。

(3) 医業財産・債務の確定

　院長先生に相続が発生した場合、年初から相続発生時までの事業

にかかる所得税の申告（準確定申告）が必要です。また、相続発生時における病医院の財産と債務が相続財産として認識されます。具体的には、以下のものが挙げられます。

① 医業未収金……相続発生の月の1日から相続発生日までの期間に対するレセプト請求額を算出し、債権として医業未収金を計上します。

② 棚卸資産……相続発生日における棚卸額を算定します（当日実地棚卸をすることは不可能なので、後日実地棚卸をして推定することになる）。

③ 償却資産……医療機器、診察台、事務用機器などの償却資産は、相続発生日までの減価償却費を計上し、相続発生日における帳簿価額を確定します。帳簿価額が、通常、相続税評価額となります。

④ 不動産……病医院の土地や建物は、税法規定に基づき相続税評価額を算出します（参照：第7章）。

⑤ 債務……職員に対する給与、薬品等の仕入れ、リース料、水道光熱費なども原則として相続発生日までの発生金額を算定し、債務を認識します。

⑥ 所得税……相続発生日までのその年の所得を計算し、相続発生日の翌日から4ヶ月以内に確定申告に準じた準確定申告をします。所得税額は債務として相続人に引き継がれます。
なお、還付が発生した場合には未収税金として資産計上します。

なお、雇用契約における使用者（院長）としての地位は相続性があり、使用者の死亡は雇用契約の終了原因とはならないと解されています。したがって、子が相続承継すると、職員の勤続年数も継続

されていくことになります。

（4）個人病医院の場合は相続承継が有利

　税金の視点から生前承継と相続承継を比較すると、下記の理由から相続承継のほうが有利となります。

① 相続が発生するまで、後継者へ給与を支給することができるので、それだけ相続承継のほうが有利となります。
② 相続発生までの期間に応じた退職金を後継者へ支給することができるので、退職金の額も多くなります。
③ 相続承継の場合、病医院の敷地に対する小規模宅地等の特例が使えます（参照：第2章）。

個人病医院の承継方法

項目	生前承継する場合	相続承継する場合
承継方法	相続が発生する前に承継者が院長になる	承継者が副院長として勤務し相続が発生してから院長になる
開設者の変更	生前に変更する	相続発生後に変更する
税務署等への手続き	新規開業として諸手続きが必要	相続発生後に変更する
医療施設の承継	譲受けもしくは賃借する等の契約が必要になる	相続発生後に相続して使用する
承継者への退職金	退職金は支給できない	退職金規程を設ければ、支給は可能
シームレスな医業の承継	容易	遡及措置が必要
相続税上のメリット	特になし	小規模宅地等の特例の適用が可能

3 院長先生の退職金

　事業主である院長先生は、給与や退職金を自身に支給することはできません。同様に、院長先生の奥様に対しても退職金を支給することはできません。そのため、多くの個人事業主の方は、廃業に備え、中小企業基盤整備機構が運営する小規模企業共済や日本医師会が運営する医師年金に加入されています。

（1）小規模企業共済

　小規模企業共済に加入している個人事業主は、事業を廃止した際に共済金を受け取ることができます。受け取った共済金は退職所得となり、次のように計算されます。

退職所得控除額

（収入金額－退職所得控除額）×1/2＝退職所得の金額

勤続年数	退職所得控除額
20年以下	40万円×勤続年数
20年超	70万円×(勤続年数－20年)＋800万円

　退職所得は分離課税とされ、事業所得や給与所得などとは切り離して税金が課税されます。これにより、高額な退職金であっても税金は約4分の1にとどまり、4分の3が手元に残るという有利な取扱いになっています。

なお、共済掛金は年間最高額で84万円（月額7万円）ですが、支払った掛金は小規模企業共済掛金控除として所得控除ができます。また、契約者が死亡された場合には遺族に対して共済金が支給され、相続税の対象となります。

小規模企業共済金の取扱い

共済金の取得のケース	税務上の取扱い
廃業した際に受け取る共済金	退職所得
任意解約等による共済金 （65歳以上で180ヶ月以上掛金を支払っている場合）	
上記以外の解約による共済金	一時所得
分割払いの方法による共済金	雑所得
契約者が死亡した場合の遺族に対して支給される共済金	みなし相続財産

（2）医師年金

医師年金は積立型私的年金で、自分で積み立てた分を将来自分で受け取るという年金です。現行の保険料は月額12,000円で、任意で増やすこともできます。原則として65歳から年金が支給されますが、75歳に延長することもできます。私的年金であるため、税務上の特典は特にありません。養老年金は雑所得となり、課税対象額は年間受給額から保険料相当額を差し引いた利息相当額となります。加入者が死亡された場合、遺族脱退一時金もしくは遺族年金のどちらかを選択します。また、養老年金の受給者が死亡された場合も、遺族清算一時金か遺族年金を選択することになります

相続税対策としての医療法人化対策

　遺産分割でもめそうであれば、生前に医療法人化しておくことをお勧めします。設立した医療法人は持分のない医療法人であるため、相続が発生しても、医療法人が所有する財産は相続財産の対象にはなりません。つまり、医療法人が所有する預貯金・医業未収金・医療器械等は、遺産分割の対象にはなりません。医療法人が所有する財産以外の財産のみが遺産分割の対象となるため、もめる原因が少なくなります。

　医療法人化すると、下記のようなメリットがあります。

【税金面】

① 課税される税率が最大で約20％低くなる（個人：約50％　法人：約30％）。
② 給与所得控除のメリットが享受できる。
③ 生命保険の掛金を損金にでき、退職金すなわち相続税の納税資金等を確保することができる。
④ 欠損金の繰越期間が長い（個人：3年間　法人：9年間、平成30年4月1日以後開始の事業年度からは10年間）。

【資金繰り面】

① 社会保険診療報酬支払基金から源泉所得税が控除されない（手取り額が多くなる）。
② 法人として社宅や保養所が所有できる。

【経営面】

① 理事長に相続が発生しても、診療をそのまま継続できる（理

事長、管理者の変更のみで足りる)。
② 医療法人の内部留保が増大しても、相続税に全く影響が及ばない。
③ 分院やサテライトクリニックを開設できる。

一方、デメリットとして、次の点が挙げられます。
① 理事長を含めた社会保険(厚生年金)が強制加入となる。
② 解散する場合、残余財産が発生しないように工夫しなければならない。

第6章

医療法人と相続税対策

1 医療法人制度の現状

　医療法人制度は、「経営の永続性」と「資本の集積（他人からも資本を集める）」を目的に昭和25年に創設されました。医療法では、「剰余金の配当禁止」を規定（医療法54条）していますが、厚生労働省は、退社時の払戻しや残余財産の分配に対して、出資持分に応じた請求権を認める扱いをしてきました。そのため、優良医療法人であると、出資持分の価額が出資金の何十倍にもなり、出資者が退社し、払戻請求権を行使すると、医療法人は多額の金銭を出資者に払い戻さなくてはなりません。また、相続においても、出資者に相続が発生すれば、出資持分を相続した相続人に出資持分に応じた多額の相続税が課せられます。

　こうした背景のもと、医療法人を本来の趣旨に沿って運営できるように、平成19年、医療法が改正されました。この第5次医療法改正によって、医療法人は次のような取扱いになりました。

① 平成19年4月1日以降、「持分なし」医療法人以外の社団医療法人の設立は認めない。

② 持分なし社団医療法人では、拠出した金額しか払戻しや分配の請求ができず、残余財産は国や地方公共団体等に帰属する。

③ 「持分あり」から「持分なし」の医療法人への移行は可能であるが、「持分なし」から「持分あり」へ医療法人の移行は認めない。

④ 平成19年3月以前に設立された持分あり医療法人は、「経過措置型医療法人」として位置付けられ、現状のまま存続する

か、持分なし医療法人に移行するか選択する。

これにより、平成19年4月1日以降に設立された医療法人は、「持分なし」となり、既存の持分あり医療法人についても、"持分なし医療法人"に移行することを推奨しています。しかし、厚生労働省の「種類別医療法人数の推移」によると全国の医療法人数53,000件（平成29年3月31日 現在）のうち75.8％（40,186件）が依然として出資持分のある社団医療法人です。移行する医療法人の種類によって異なりますが、いずれにしても法人税や相続税などが優遇されるメリットがあるにも関わらず移行が進まない理由は、「持分放棄により、オーナーシップ（所有権）を失うことの懸念」と「移行に伴い一定の要件を満たさない限り多額の税金が課税される」点があります。

しかし、持分あり医療法人のままだと、出資者が払戻請求権を行

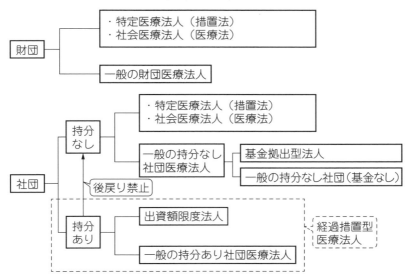

医療法人制度

使した場合や相続が発生した場合、多額の財産が流出し、経営を脅かすリスクがあります。一方、持分なし医療法人は持分という概念がないため払戻請求権や相続問題はありません。そのためオーナーシップを維持したままいかに少ない税負担で持分なし医療法人へ移行できるかが、経過措置型医療法人の最重要経営課題といえます。

医療法人の種類

	財団法人	特定医療法人	社会医療法人	社団医療法人（持分有）	社団医療法人（持分無）基金制度
根拠法規	医療法39条	租税特別措置法67条の2	医療法42条の2	医療法39条 医療法附則10条	医療法施行規則30条の37
設立	都道府県知事の認可	国税庁長官の承認	都道府県知事の認可	都道府県知事の認可	都道府県知事の認可
出資持分	無	無	無	有	無
相続税評価	無	無	無	原則：評基通194-2	拠出時の金銭相当額
役員、社員、評議員の同族要件	無 ただし実務上は3分の1以下	3分の1以下	3分の1以下	無	無
法人税	一般税率	軽減税率	原則非課税	一般税率	一般税率

1．医療法人制度の現状

種類別医療法人数の年次推移

年別	医療法人 総数	財団	社団 総数	社団 持分有	社団 持分無	一人医師医療法人(再掲)	特定医療法人(再掲) 総数	財団	社団	特別医療法人(再掲) 総数	財団	社団	社会医療法人(再掲) 総数	財団	社団
昭和45年	2,423	336	2,087	2,007	80		89	36	53						
50年	2,729	332	2,397	2,303	94		116	41	75						
55年	3,296	335	2,961	2,875	86		127	47	80						
60年	3,926	349	3,577	3,456	121		159	57	102						
61年	4,168	342	3,826	3,697	129	179	163	57	106						
62年	4,823	356	4,467	4,335	132	723	174	58	116						
63年	5,915	355	5,560	5,421	139	1,557	179	58	121						
平成元年	11,244	364	10,880	10,736	144	6,620	183	60	123						
2年	14,312	366	13,946	13,796	150	9,451	187	60	127						
3年	16,324	366	15,958	15,800	158	11,296	189	60	129						
4年	18,414	371	18,043	17,877	166	13,205	199	60	139						
5年	21,078	381	20,697	20,530	167	15,665	206	60	146						
6年	22,851	381	22,470	22,294	176	17,322	210	60	150						
7年	24,725	386	24,339	24,170	169	19,008	213	60	153						
8年	26,726	392	26,334	26,146	188	20,812	223	63	160						
9年	27,302	391	26,911	26,716	195	21,324	230	64	166						
10年	29,192	391	28,801	28,595	206	23,112	238	64	174						
11年	30,956	398	30,558	30,334	224	24,770	248	64	184						
12年	32,708	399	32,309	32,067	242	26,045	267	65	202	8	2	6			
13年	34,272	401	33,871	33,593	278	27,504	299	65	234	18	3	15			
14年	35,795	399	35,396	35,088	308	28,967	325	67	258	24	5	19			
15年	37,306	403	36,903	36,581	322	30,331	356	71	285	29	7	22			
16年	38,754	403	38,351	37,977	374	31,664	362	67	295	35	7	28			
17年	40,030	392	39,638	39,257	381	33,057	374	63	311	47	8	39			
18年	41,720	396	41,324	40,914	410	34,602	395	63	332	61	10	51			
19年	44,027	400	43,627	43,203	424	36,973	407	64	343	79	10	69			
20年	45,078	406	44,672	43,638	1,034	37,533	412	64	348	80	10	70			
21年	45,396	396	45,000	43,234	1,766	37,878	402	58	344	67	6	61	36	7	29
22年	45,989	393	45,596	42,902	2,694	38,231	382	51	331	54	3	51	85	13	72
23年	46,946	390	46,556	42,586	3,970	39,102	383	52	331	45	2	43	120	19	101
24年	47,825	391	47,434	42,245	5,189	39,947	375	49	326	9	1	8	162	28	134
25年	48,820	392	48,428	41,903	6,525	40,787	375	50	325	0	0	0	191	29	162
26年	49,889	391	49,498	41,476	8,022	41,659	375	46	329	0	0	0	215	34	181
27年	50,866	386	50,480	41,027	9,453	42,328	376	48	328	0	0	0	239	34	205
28年	51,958	381	51,577	40,601	10,976	43,237	369	49	320	0	0	0	262	34	228
29年	53,000	375	52,625	40,186	12,439	44,020	362	49	313	0	0	0	279	35	244

注1：平成8年までは年末現在数、9年以降は3月31日現在数である。
注2：特別医療法人は、平成24年3月31日をもって経過措置期間が終了したため、平成24年4月1日以降の法人数は0となる。
資料：厚生労働省調べ

2 持分あり医療法人と相続税

(1) 承継とその問題点

　持分ありの医療法人の経営が順調であればあるほど、出資持分評価額は高くなり、承継者である相続人は、次の2つの重大な問題を抱えることになります。

　① 出資持分に対し、多額の相続税が課せられる
　② 出資持分を持つ兄弟やその相続人から、出資持分に対する多額の払戻請求権が行使されるおそれがある

　どちらも多額の資産が医療法人から流出し、病医院の経営が圧迫されるおそれがあります。
　医療法人の経営がよければよいほど、医療法人の経営者や承継者にとって、この2つの問題が重荷になります。この2つの問題を解決しないと、医業の継続にも大きな支障をきたすことになります。

(2) 出資持分の相続税評価額

　定款で、「社員資格を喪失した者は、その出資額に応じて払戻しを請求することができる」、「残余財産は、払込済出資額に応じて分配するものとする」と記載されている持分ありの医療法人の出資持分には、財産評価基本通達194-2の「医療法人の出資の評価」の規定が適用されます。財産評価基本通達とは相続税・贈与税を計算する際に対象財産の評価基準として国税庁が定めているもので、評価の具体的手順は以下のとおりです。

ステップ1　医療法人規模の判定

評価対象の医療法人を、サービス業に区分される総資産価額・従業員数・年間医業収益金額に応じて、大法人・中法人・小法人に区分します（下表参照）。純資産価額及び従業員数の判定と年間医業収益金額の判定が相違するときは、いずれか規模の大きいほうを選択します。

医療法人の規模の判定表（平成29年1月1日以降）

法人規模			純資産価額及び従業員数	年間医業収益金額
大法人			15億円以上かつ35人超	20億円以上
中法人	大		5億円以上かつ35人超	5億円以上20億円未満
	中		2.5億円以上かつ20人超	2.5億円以上5億円未満
	小		4,000万円以上かつ5人超	6,000万円以上2.5億円未満
小法人			4,000万円未満または5人以下	6,000万円未満

※　従業員70人以上の場合はすべて大法人となります。

ステップ2　評価方法の特定

ステップ1で区分した規模にしたがって、下表により評価方法を特定します。

法人規模別の評価方法

法人規模	評価方法	
大法人	①類似業種比準価額 ②純資産価額	いずれか低い金額
中法人	①併用方式による価額	

	大	①類似業種比準価額×0.9＋②純資産価額×0.1	いずれか低い金額
	中	①類似業種比準価額×0.75＋②純資産価額×0.25	
	小	①類似業種比準価額×0.6＋②純資産価額×0.4	
		②純資産価額	
小法人		①類似業種比準価額×0.5＋②純資産価額×0.5 ②純資産価額	いずれか低い金額

※ 医療法人が、下記に示される「特定の評価法人」に該当する場合には、原則として純資産価額方式で評価します。
・ 比準要素数1の法人
・ 開業後3年未満の法人
・ 開業前又は休業中の法人

（Ⅰ）類似業種比準価額方式による評価額

類似業種比準価額方式とは、業種が類似する上場企業の平均株価を基準に、評価対象医療法人の1株当たりの利益金額、純資産価額（比準要素）を比較することで、株価を算定する方法です。平成29年度の改正で利益金額と純資産価額は同じウエイトになりました。

類似業種比準価額方式の算出方法

$$A \times \left[\frac{\frac{ⓒ}{C} + \frac{ⓓ}{D}}{2} \right] \times 斟酌率$$

改正前

$$A \times \left[\frac{\frac{ⓒ}{C} \times 3 + \frac{ⓓ}{D}}{4} \right] \times 斟酌率$$

A：類似業種の株価（「その他の産業」業種区分113を適用）
C：類似業種の年利益金額

Ⓓ：類似業種の純資産価額
ⓒ：医療法人の利益金額（申告書別表四の所得額をもとに算出される1口当たりの金額）
ⓓ：医療法人の純資産価額（申告書別表五（一）の翌期首現在利益積立金額をもとに算出される1口当たりの金額）

（注）（ⅰ） 分母の2はⓒがゼロの場合でも2として計算します。
　　　（ⅱ） 斟酌率は、医療法人の規模によって異なります。
　　　　　　大法人に該当する場合……0.7
　　　　　　中法人に該当する場合……0.6
　　　　　　小法人に該当する場合……0.5

* 改正により、利益が少なくても、剰余金の蓄積が多額にある医療法人の出資金の評価額は高くなります。つまり、利益を意識的に減らす節税対策（役員退職金、生命保険料等）は改正前よりその効果が少なくなりました。

設例

下記医療法人の出資持分評価額を類似業種比準価額方式で算出してみましょう。

利益金額：4倍
純資産価額：2倍
医療法人の規模：中法人（0.6）
類似業種の株価：1,000円

【解答】

$$1,000 \times \frac{(4\times1+2\times1)}{2} \times 0.6 = 1,000 \times 3.0 \times 0.6 = 1,800円$$

　評価対象医療法人は、類似業種の会社の3倍の価値がありますが、中法人であるので6掛けされ、株価は1,800円になります。

　※　なお、年利益金額が2年連続マイナスであると、特定の評価法人に該当するため、類似業種比準価額方式は採用できなくなる場合があります。

(Ⅱ) 純資産価額方式による評価額

　医療法人の資産の相続税評価額から負債の相続税評価額を控除し、さらに含み益に対して法人税等相当額を控除して算定します。含み益がある医療法人を清算した場合、含み益に対して課税されるため、その額を控除して算定します。

純資産価額方式の算出方法

$$\frac{\left[\begin{array}{c}相続税評価額による\\総資産価額-負債の合計\end{array}\right] - \left[\begin{array}{c}評価差額に対する\\法人税等相当額_{(注)}\end{array}\right]}{課税時期における出資口数（50円換算）}$$

（注）評価差額に対する法人税等相当額
＝（相続税評価額による純資産価額－帳簿価額による純資産価額）×37％*

　　　　＊平成28年4月1日～平成30年3月31日まで

設例

　下記の医療法人の出資持分評価額を純資産価額方式で算出してみましょう。

相続税評価額による総資産価格：10,000万円
相続税評価額による負債の合計：5,000万円
帳簿価額における総資産価格　：8,000万円
帳簿価額における負債の合計　：5,000万円
出資口数　　　　　　　　　　：40,000口

【解答】

- 相続税評価額による純資産価額−負債の合計
 10,000−5,000＝5,000万円
- 評価差額に対する法人税等相当額
 $\{(10,000-5,000)-(8,000-5,000)\} \times 37\% = 740$万円
- 出資金の評価額
 4,260万円（5,000−740＝4,260）
- 1口当たりの株価
 4,260万円÷40,000＝1,065円

【純資産価額方式】

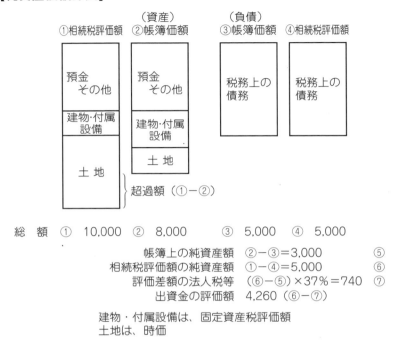

純資産価額方式は、基本的には、資産と負債を相続税評価額によって算定し、その差額をもって、出資金の相続税評価額を算定する方法です。含み益があるときは、その含み益に税金が課税されるので、法人税率等の合計割合（平成29年度37％）を乗じた税額を控除して算定します。

（3）設例で考える評価額の算出方法

> **設例**
>
> 実際にM医療法人の出資金の評価額を算出してみましょう。
> M医療法人（3月決算）
> 課税時期　：平成29年5月31日

出資金　　　：20,000千円（400,000口）
甲の出資持分：300,000口（75％）
直前期末以前1年間の取引金額(医業収入)：190,000千円
直前期末の総資産価額（簿価）：320,000千円
直前期末の従業員数　：15人

比準要素である利益金額及び利益積立金額（単位：千円）

	直前期	直前々期	直前々期の前期
利益金額	20,000	22,000	23,000
利益積立金額	160,000	145,000	130,000

課税時期における純資産価額　（単位：千円）

	総資産価額	負債金額	純資産価額
相続税評価額	400,000	150,000	250,000
帳簿価額	320,000	150,000	170,000

【解説】

ステップ1　医療法人の規模の判定

取引金額　　　60,000千円≦190,000千円＜250,000千円

総資産価額　　250,000千円≦320,000千円＜500,000千円

従業員　　　　5人＜15人≦20人

※　判定の結果、「中会社の小」に該当

ステップ2　評価方法の特定

（イ）　純資産価額

（ロ）　併用方式による価額

（ハ）　いずれか低い金額が1口当たりの評価額になります。

（イ） 純資産価額方式による出資金評価額の算定

（400,000千円－150,000千円－29,600千円※）÷400,000口＝551円

（※）評価差額に対する法人税等相当額

｛（400,000千円－150,000千円）－（320,000千円－150,000千円）｝×37％＝29,600千円

よって、純資産価額方式による出資金評価額は、551円になります。

（ロ） 併用方式による価額

① 類似業種の株価等

業種目	番号	B 年配当金額	C 年利益金額	D 純資産価額	A 株価				
					27・28年平均	28年平均	29年3月	29年4月	29年5月
その他の産業	113	4.1	29	233	290＊	276	331	319	342

＊ 平成29年度の改正によって、Aの株価に、課税時期の属する月以前2年間の平均株価を選択することが可能になりました。

② M医療法人の出資持分1口当たりの年利益金額

直前期：20,000千円÷400,000口＝50円

直前々期：22,000千円÷400,000口＝55円

どちらか低いほうとして、50円を選択

③ M医療法人の出資持分1口当たりの純資産価額

直前期：（20,000千円＋160,000千円）÷400,000口＝450円

④ 類似業種比準価額方式による出資金評価額算定

株価は課税月（29年5月）・前月（29年4月）・前々月（29年3月）の株価と前年1年間（28年）、及び29年5月の月以前2年間の平均株価のうち、最も低い株価である276円を選択できます。

$$276 \times \left(\left(\frac{50}{29} + \frac{450}{233}\right) \div 2\right) \times 0.6 \times \frac{50}{50} = 301円$$

⑤　併用方式による出資金評価額

　　301円 × 0.6 + 551円 × (1 − 0.6) = 401.6円　→　401円

(ハ)　いずれか低い金額を選択

①　純資産価額方式による1口当たりの評価額は551円

②　併用方式による評価額は401円

よって、401円を選択（額面価格50円の約8倍）

ステップ3　出資金の評価額

　出資金300,000口の相続税評価額は120,300千円となります。

　すなわち、甲の出資金15,000千円は相続時において120,300千円の価値で評価され、甲の相続人に相続税が課税されます。

【評価のポイント】

①　株価は、株式市況に連動する

②　株価は5つの株価のうち、一番低い株価を選択できる

③　純資産価額方式の評価額が多額になっていれば、規模を大法人にして類似業種比準価額のみで算定できるようにする

---

(4) 出資持分問題が承継者に起こす悲劇

　医療法人の経営が順調であればあるほど、皮肉なことに承継者は重大な問題を抱えることになります。下記の具体例でみていきましょう。

○Aクリニック（持分あり医療法人）

相続財産：土地　1億円、預金　2億円、出資持分　3億円
相続財産合計　6億円　→　相続税総額　約2億円
相続人：長男・次男の2人（うち長男が承継者）

上記相続財産を2人でどのようにして分けるかが問題となりますが、ここでは、次の3つのケースで考えてみます。
　案1：長男が出資持分3億円、次男が土地1億円・預金2億円を取得する
　案2：長男が出資持分3億円・預金1億円、次男が土地1億円・預金1億円を取得する
　案3：長男が出資持分2億円・預金1億円、次男が出資持分1億円・土地1億円・預金1億円を取得する

3つの分割案　（単位：億円）

	相続人	出資金	土地	預金	合計
案1	長男	3	0	0	3
	次男	0	1	2	3
	計	3	1	2	6
案2	長男	3	0	1	4
	次男	0	1	1	2
	計	3	1	2	6
案3	長男	2	0	1	3
	次男	1	1	1	3
	計	3	1	2	6

〈案1の問題点〉長男の納税資金がない
　兄弟ともに3億円の財産を取得しているため、遺産分割はスムーズに進みます。しかし、承継者である長男は出資持分しか取得しておらず、手元資金だけでは1億円の相続税を納付できません。

〈案2の問題点〉分け方が不平等になる

　案1の問題点を解消するため、長男が納税資金として1億円の預金を相続します。この場合、長男は4億円の財産・次男は2億円の財産を取得することとなり、次男がこれに納得するかどうかが鍵となります。さらに不平等の程度が大きいと遺留分を侵害することになり、親族間での争いが避けられない状況に陥ることが予想されます。

〈案3の問題点〉次男の払戻請求権行使により、病医院の資金繰りに支障が生ずる

　さらに案2の問題点を解消するため、出資持分の一部を次男が取得するとします。これにより兄弟ともに3億円の財産を取得することができます。しかし、次男が出資持分の払戻請求権を行使した場合、医療法人から多額の資金が流出し、経営が不安定になる可能性があります。

　Aクリニックは、遺産分割で大きな問題を抱えることになりますが、次の事例にみるような問題も発生します。

> **事例1　納税資金の流出で経営に支障**
> 　医療法人甲の出資持分のほとんどを所有している理事長が突然死亡されました。出資持分の相続税対策を何もしていなかったため、医業承継者には多額の相続税が課税されました。出資持分の評価額を下げ、また、納税資金を賄うために、6億円借入をして、理事長への死亡退職金6億円を支給しましたが、それでも出資金の相続税評価額は5億円となりました。

医業承継者の相続財産

医業承継者の相続	
出資持分の評価額	5億円
医療施設の不動産	4億円
現預金	2億円
その他の財産	1億円
死亡退職金	6億円
合　　計	18億円
医業承継者の相続税	8億円

　相続税8億円は、相続した現預金（2億円）と死亡退職金（6億円）で相続税を支払うことができました。しかし、医療法人における適法死亡退職金は3億円であるとし、過大退職金3億円に対して法人税等（実効税率40％）が医療法人に1.2億円追徴されました。承継者はどうにか相続税を支払うことができましたが、大きな重荷を負った医療法人を承継することになりました。

事例2　持分を分散していても解決できない

　医療法人乙の出資持分は、法人設立当初に理事長とその子供たちに下記のように分散されていました。

出資持分の所有者

理事長（父）	80歳	20％
配偶者（母）	75歳	10％
承継者（長男）	45歳	30％
会社員（次男）	42歳	20％
弁護士（三男）	40歳	20％

| 合　　計 | 100% |

　次男が急死し、出資持分の相続税評価額が8,000万円となったため、次男の相続人に1,600万円の相続税が課せられることになりました。しかし、その納税資金がないため、次男の相続人は持分の払戻しを医療法人に請求しました。医療法人の経営に直接関与していない兄弟が出資持分を所有していると、その兄弟に相続が発生すると承継者に不幸な問題が発生します。出資持分を仲のよい兄弟で分散所有していても、次の世代は、出資持分の払戻請求権を医業承継者に行使してきます。承継者が経営を伸ばしていけばいくほど、払戻請求権の金額が多額になり、その負担も大きくなります。

　これらの問題点を未然に防ぐために、持分なし医療法人への移行を検討する医療法人が増えてきています。

（5）出資額限度法人では解決できない相続問題

①　出資額限度法人のメリット・デメリット

　持分のある医療法人は、出資持分の「相続税」や「払戻請求権の行使」の問題で、大きな欠陥があります。そこで、考え出されたのが出資額限度法人です。出資額限度法人は、出資持分のある医療法人であって、出資持分の払戻請求権や、残余財産の分配の及ぶ範囲を、払込出資額を限度とする旨を定款で定めている医療法人です。

　①　社員の退職時における出資持分払戻請求権の範囲について、払込出資額を限度とする。
　②　医療法人の解散に伴う残余財産の分配に対して、払込出資額を限度とする。

③　残余財産は国や地方公共団体等に帰属する。

　しかし、国税庁は、出資額限度法人はあくまで「持分あり」医療法人であり、定款を変更すれば、再び出資持分に応じた払戻請求権や分配請求権を行使することができる法人と位置づけ、出資額限度法人に対して次のような取扱い通達を出しました。

ア）　従来型の医療法人が出資額限度法人へ移行しても、移行時には課税関係は生じない。
イ）　出資者である社員の死亡又は退社により、本人又は相続人が払戻請求権を行使した場合、残存出資者は払戻しを超える部分の財産の贈与を受けたとみなし贈与税を課税する。
ウ）　出資者が死亡し、相続人がその出資持分を相続した場合は、出資持分の相続税評価額（財産評価基本通達194－2）の財産を相続したとみなし相続税を課税する。
エ）　ただし、医療法人が下記の4要件をすべて満たす場合は、他の社員に対するみなし贈与税はなかったものとし、また、相続人は出資額のみを相続財産とみなして相続税を課税する。
　①　出資者及びその者と親族等特殊関係を有する出資者の出資金の合計額が出資総額の50％以下であること
　②　社員及びその者と親族等特殊関係を有する社員の数が総社員数の50％以下であること
　③　役員のそれぞれに占める親族等特殊関係がある者の割合が3分の1以下であることが定款で定められていること
　④　社員、役員又はこれらの親族等に対し特別な利益を与えると認められるものでないこと
　しかし、同族関係者で運営する医療法人では、上記の非課税要件

を満たすことができません。よって、同族経営を維持したまま出資額限度法人に移行しても、出資持分の相続税問題や払戻請求権の問題は解決することはできません。

出資額限度法人への移行のメリット・デメリット

【メリット】
　承継者ではない出資者から、出資持分の払戻しを求められても、払込出資額が限度となるため、多額の資金の流出を回避できる。

【デメリット】
・相続税評価額は持分あり医療法人と同じ扱いをされるため、相続問題を解決できない。
・出資持分の払戻しを行った場合、多額のみなし贈与税が発生する。
・みなし贈与税課税されないようにするには、同族経営を放棄しなければならない。
・出資持分の相続税評価額を出資金額とするには、同族経営を放棄しなければならない。

---

② 出資持分の譲渡・払戻しをした場合の課税関係

　社員が払込出資額の払戻しを受けて退社した場合の課税関係は以下のとおりです。

対象者	課税関係
退社した社員	払込出資額を超えない場合は、課税関係はありません。
医療法人	法人税は課税されません。 ※ 全出資者が同時に払戻しを受けた場合は、医療法人に贈与税が課税されます。
残存出資者	贈与税が課税されます（みなし贈与税）。 ただし、非課税要件を満たした場合には課税されません。

③ 出資額限度法人を相続した場合の課税関係

　出資額限度法人から一般の持分あり医療法人への逆戻り移行が可能であることを根拠に、出資持分の相続税評価は、出資額ではなく一般の持分あり医療法人と同額になります。

　よって、出資額限度法人では相続問題は解決できません。

　なお、相続人が出資者たる地位を承継せずに、出資払戻しを受けた場合の課税関係は以下のとおりです。この場合、医療法人もしくは残存出資者に予期せぬ税負担が発生することになります。

対象者	課税関係
相続人	出資払戻請求権（相続財産）の評価は、払込出資額となります。
医療法人	法人税は課税されません。 ※ 全出資者が同時に払戻しを受けた場合は、医療法人に贈与税が課税されます。
残存出資者	贈与税が課税されます（みなし贈与税）。 ただし、非課税要件を満たした場合は課税されません。

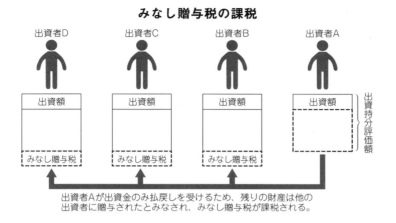

（6）出資持分の譲渡・払戻しをした場合の課税関係

「持分のある医療法人」の出資持分は、税法上、有価証券とされています。そのため、出資持分を譲渡する場合や払戻しを受ける場合には、次のような課税問題が発生します。

（Ⅰ）個人所有の出資持分を譲渡した場合

① 親族への譲渡

｛譲渡対価－（取得費＋譲渡費用）｝＝ 譲渡益

税金＝譲渡益×20.315%

譲渡対価は、財産評価基本通達194-2により算定された価額となり、譲渡対価がその価額より低廉であれば、その差額は譲渡先である親族に対する贈与とみなされ、譲受人である親族は贈与税を支払うことになります。

② 同族会社への譲渡

法人への売却価額の時価は、財産評価基本通達194-2ではなく、所得税基本通達59-6によって、法人税等相当額（評価差額に対する40%）を控除せず算定し、その評価額を時価としま

す。また、取引価額が時価の2分の1未満であれば、時価をもって譲渡所得の収入金額として譲渡所得を計算します。ただし、MS法人等の同族会社への譲渡は同族会社の行為又は計算の否認規定があるので、時価に相当する金額により譲渡所得の金額を計算します。なお、譲受け法人は、時価と譲渡価額の差額を受贈益として計上します。

③ 第三者への譲渡

第三者との間で合意した売買価額は正常な価額であるとされ、その取引価額から算出される譲渡益に対して税金を支払うことになります。

(Ⅱ) 法人所有の出資持分を譲渡した場合

譲渡した法人の取引評価額は、1口当たりの純資産価額等を斟酌して算定します（法人税基本通達9-1-13(4)）。法人がその価額より低廉で譲渡した場合は、低廉な部分の金額は、譲受人に対する寄付金として認識され、寄付金課税がされます。

(Ⅲ) 出資持分を払い戻した場合

① 時価での払戻し

個人が退社し、所有する出資金の払戻しを時価で受けた場合、払戻し額がその対応する出資金の額を超える部分については、みなし配当として、所得税が課税されます。この場合、時価の算出には、次のような方法があります。

（ⅰ）すべての財産債務を時価で評価し、その純資産額を基に算出する方法

（ⅱ）財産評価基本通達に基づく純資産額を基に算出する方法

（ⅲ）財産評価基本通達に基づく類似業種比準価額を援用して算出する方法

なお、出資金の額と出資金の取得価額との差額は出資金の譲

渡損益として課税されます。

　法人が所有する出資持分を払い戻す際、同様にみなし配当が発生しますが、受取配当等の益金不算入の対象になります。
② 低廉での払戻し
　出資持分の払戻しを行う際、時価より低廉な金額で払戻しを受けた場合、他の出資者に、贈与税が課税されます。例えば、出資額100万円に応じた持分価額の時価が1,000万円である場合、払戻額が100万円であれば、払戻しがなされなかった900万円は他の出資者に帰属することになるため、それぞれの持分に応じて900万円の贈与があったとみなされ贈与税が課税されます。
③ 医療法人側の処理
　医療法人にとって出資持分の払戻しは、資本等取引に相当するので、医療法人側に課税問題は生じません。医療法人側の会計処理は、払戻金額が支出され、出資金とそれに対応する利益剰余金が減少します。また、配当とみなされる金額に対しては、医療法人が20.315％の源泉税を徴収し、翌月10日までに納付することになります。

出資持分の払戻し

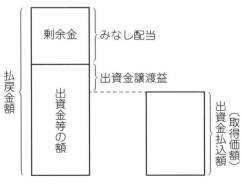

3 持分なし医療法人を活用した相続税対策

（1）断然有利な持分なし医療法人

　多くの医療法人が、将来の相続のことを考慮して、「経過措置型医療法人」から「出資持分のない医療法人」への移行を検討しています。持分なし医療法人には持分という概念がないため払戻請求権や相続問題から解放されます。また、第三者へ売却する場合も、実務上は法人財産を回収することができるため、持分なしのデメリットを解決できます（参照：第8章　第三者への医業承継・廃院）。そのため、持分なし医療法人へいかに少ない税負担で移行するかが、持分あり医療法人の最大経営課題といえます。

　持分なしの社団医療法人には、一般の持分なし医療法人、第5次医療法改正によって創設された基金拠出型法人等の持分なし医療法人、社会医療法人、及び、国税庁認可の特定医療法人等があります。

持分なし医療法人への移行

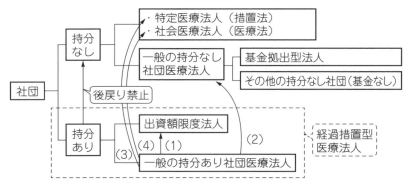

それぞれのメリット・デメリットを踏まえ、どの形態を選択するか慎重に検討する必要があります。

※　持分なし医療法人とその留意点

　医療法人では、社員総会の議決権は持分に関係なく1人1票です。持分のある医療法人では、1人1票でも出資持分があるので、それなりに抑止力が働きます。そのため、持分なしの医療法人では、社員や理事の構成メンバーに留意しなければなりません。

（2）一般の持分なし医療法人とは

① 一般の持分なし医療法人とは

　一般の持分なし医療法人について、税法は相続税法第66条第4項に規定する「持分の定めのない法人」の例示として、次のように示されています（相続税個別通達13）。

・定款等又は法令の定めにより、当該法人の社員等が当該法人の出資に係る残余財産の分配請求権又は払戻請求権を行使することができない法人
・定款等に、社員等が当該法人の出資に係る残余財産の分配請求権又は払戻請求権を行使することができる旨の定めはあるが、そのような社員等が存在しない法人

　一般の持分なし医療法人には基金拠出型法人とその他の医療法人があります。

② 基金拠出型法人と基金の財産価値

　出資持分のない医療法人の場合、社団医療法人に拠出した金銭等が返還されません。そこで、出資者に対して投下資本回収への期待を最低限確保するために、基金制度を利用した医療法人が導入されました。基金制度を利用した医療法人は、拠出した金額を上限として、拠出者に対して返還義務（金銭以外の財産は、拠出

時の当該財産の価額に相当する金銭で返還する）を負います。また、拠出基金の相続税評価額は、出資持分と違い拠出した金額以上になることはありません。拠出した基金が100万円であれば、医療法人の財産価値が5億円になっていても、基金の相続税評価額は100万円として評価されます。さらに、医療法人の財産価値が悪化した場合、純資産価値が60万円となれば、基金の相続税評価額、払戻請求権は100万円ではなく、60万円で評価されます。

（3）持分なしの医療法人への移行と課税関係

「持分ありの医療法人」が、「持分なしの医療法人」に移行するにあたり、税法は、次のように規定しています。

移行と税法の規定

① 非課税の要件を満たさないと、相続税又は贈与税の負担が不当に減少するため、医療法人を個人とみなして相続税又は贈与税を課税する（相続税法第66条第4項）。

② 出資持分を放棄した者には、何ら課税問題は発生しない。

【出資持分の放棄】

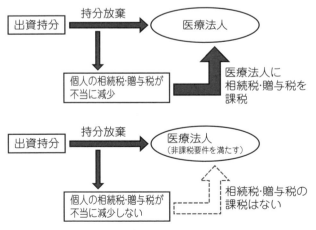

③　医療法人は、法人税が課税されることはありません（法人税法施行令第136条の3第2項）。法人が所有する出資持分を放棄する場合は、持分なし医療法人への寄付金として取り扱われます。

④　医療法人が支払う相続税や贈与税は、法人所得において損金に算入することはできません（法人税法第38条第2項第1号）。

　非課税で移行するには、厳しい非課税要件の遵守という足かせがありますが、税金を支払う課税移行には、次のようなメリットがあります。

課税移行のメリット

①　同族経営ができる
②　出資持分の2つの問題（相続税と払戻請求権）から解放される
③　役員給与額に行政上の縛りがない
④　移行に伴う税金は医療法人が負担してくれる

　課税移行を望む医療法人は、まず、「不当に減少した相続税や贈与税」とは、どのように算出するかを理解し、出資金の相続税評価額をできるだけ低くする対策を検討しなければなりません。

（4）贈与税と相続税の課税計算

　出資持分を放棄したときの出資持分の時価は、財産評価基本通達194-2の規定による評価額となります。ただし、持分なしの医療法人に法人税が課税されないため、純資産価額の算定において、法人税等の控除はしません。

　なお、課税額の計算を簡単にするため、「基金なし」の持分なし医療法人への移行を前提とします。

① 贈与税の課税額

出資持分を放棄する場合、持分なしの医療法人を個人とみなして贈与税を算出します。医療法人に贈与することで、本来個人が負担すべき贈与税が不当に減少したとして、法人に贈与税が課税されます。不当に減少した贈与税（平成27年以後）は次のように算出します。

設例

持分ありの医療法人甲

出資者	出資金	出資金評価額
A	800万円	8,000万円
B	100万円	1,000万円
C	100万円	1,000万円
合計	1,000万円	10,000万円

不当に減少した贈与税の計算

贈与税における110万円の基礎控除は適用できます。

A：(8,000−110)×55％−400＝3,939.5万円
B：(1,000−110)×40％−125＝231万円
C：(1,000−110)×40％−125＝231万円
　　　　　　　合計4,401.5万円

医療法人は贈与税の額4,401.5万円を支払うことで、持分なしの医療法人に移行できます。移行後は、A、B、Cに相続が発生しても、持分が放棄されているので、相続税は生じません。

※ なお基金拠出型法人に移行する場合の課税関係は次のようになります。

１）出資額部分のみを基金として振り替えた場合

対象者	課税関係
出資者	課税なし
医療法人	法人税は課税されません。 出資持分のうち利益剰余金部分の放棄に伴う出資者の権利の消滅に係る経済的利益について、原則として贈与税が課税されます。ただし、非課税要件を満たした場合には課税されません。

２）利益剰余金部分も含めて基金として振り替えた場合

対象者	課税関係
各出資者	利益剰余金部分に相当する額について、みなし配当として所得税が課税されます。 贈与税は課税されません。
医療法人	法人税は課税されません。 贈与税は課税されません。

ただし、移行に伴う贈与税は課税されませんが基金拠出者の死亡時には多額な基金に対し、相続税が課税されます。

② **相続税の課税額**

持分なし医療法人に移行する過程において、出資者に相続が発生した場合、医療法人が個人に代わって支払う相続税は、次のように算出します。

> **設例**
>
> 持分ありの医療法人甲の理事長である高齢のＡは、出資金800万円を、医業承継者である長男Ｂと次男の会社員Ｃは、それぞれ出資金100万円を有しています。持分なし医療法人への移行を社員総会で決議し、県の担当者から定款変更認可のため指導を受けていましたが、持分を放棄する前に相続が発生

し申告期限までに持分なし医療法人に移行しました。

　Aの相続人：法定相続人B，Cの2人と受贈者医療法人甲
Aの相続財産：
　医療法人甲の出資金　800万円
　その相続税評価額　8,000万円
　その他の相続財産　3億2,000万円
　遺産分割：BとC均等に1億6,000万円
相続税の計算
課税遺産総額：4億円－4,200万円（基礎控除）
　　　　　　＝3億5,800万円

B：3億5,800万円×$\frac{1}{2}$×40％－1,700万円

　＝5,460万円

C：同上　5,460万円
　納税額の合計　5,460万円×2＝1億920万円

Bの納税額：1億920万円×$\frac{1億6,000万円}{4億円}$

　＝4,368万円

Cの納税額：4,368万円

甲の納税額：1億920万円×$\frac{8,000万円}{4億円}$

　＝2,184万円
　法定相続人でないので2割加算
　2,184万円×1.2＝2,620.8万円
　納税額の合計　1億1,356.8万円（B、C、甲の合計）

3. 持分なし医療法人を活用した相続税対策

・通常の場合の相続税額

　持分なしの医療法人への移行をしないで、Aに相続が発生した場合の相続税は次のようになります

　　相続税の計算

　　　課税遺産総額：4億円－4,200万円（基礎控除）

　　　　　　　　　＝3億5,800万円

　　B：3億5,800万円×$\frac{1}{2}$×40％－1,700万円＝5,460万円

　　C：同上　5,460万円

　　　納税額の合計　5,460万円×2＝1億920万円

　　Bの納税額：1億920万円×$\frac{2億円}{4億円}$＝5,460万円

　　Cの納税額：5,460万円

・不当に減少した相続税額

　持分なしの医療法人への移行で、BとCは、それぞれ相続税を1,092万円（4,368－5,460＝△1,092）、合計2,184万円を減少させることができます。この不当な減少に対して、医療法人甲は、2,620.8万円（2,184×1.2＝2,620.8）の相続税をBとCに代わって支払うことになります。同時に、持分なしの医療法人に移行するためには、BとCは、所有する出資持分を放棄することになるので、医療法人甲は、既に説明したように贈与税として、Bの分231万円、Cの分231万円の合計額462万円を別途支払うことになります。

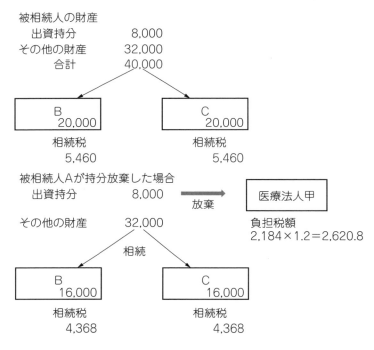

不当に減少した相続税額の算定

③ 贈与税と相続税の課税時期

（イ） 贈与の課税時期

　持分なしの医療法人に移行するには、出資持分の放棄と都道府県知事による定款の変更認可が必要になります。いつの時点で、持分なしの医療法人として税法上取り扱われるかについては、相続税法第66条第4項に規定する「持分の定めのない法人」に、「定款等に、社員等が当該法人の出資に係わる残余財産の分配請求権又は払戻請求権を行使することができる旨の定めがあるが、そのような社員等が存在しない法人も該当する」（平成20年7月

25日付国税庁資産課税課法令解釈第2-13（2））とされているので、出資持分を放棄した時点と解釈できます。

持分ありの医療法人は経過措置型医療法人であり、行政上も、持分なしの医療法人への移行を勧めているので、持分なし医療法人への定款変更は当然認可されます。定款変更の申請は、出資持分の放棄が行われていなければ、原則として受理しません。それゆえ、実務的に、出資持分の放棄より定款変更認可日が先行することはありません。したがって、医療法人は、出資持分の放棄がなされた年の翌年3月15日の確定申告期限までに、「人格のない社団又は財団に課される贈与税額の計算明細書」（第1表の付表2）を添付して、贈与税の申告をすることになります。

（ロ）　相続税の課税時期

出資持分を放棄し、その結果、相続人の相続税が不当に減少するため、医療法人に相続税を課税するケースとしては、次のようなケースが想定されます。

① 　社員総会で、持分なし医療法人への移行が承認されたが、出資持分を放棄する前に出資者に相続が発生し、申告期限までに課税方式で持分なし医療法人に移行した場合

② 　出資者の遺言書に、持分なし医療法人への移行の意思とそれに伴う出資持分の放棄が記載されており、当該出資者の相続発生後、相続税の申告期限までに開催された社員総会で、持分なし医療法人への移行が承認され、出資者全員の出資持分放棄がなされた場合　　など

なお、課税時期は、当然、出資者に相続が発生した時となります。

（5）非課税要件と税務の取扱い

税法は、相続税又は贈与税の負担が不当に減少する結果となると

認められる場合には、法人を個人とみなし、移行した持分なし医療法人に相続税又は贈与税が課されます（相続税法66条4項）。厚生労働省は、持分なし医療法人への移行に対して、不当に減少するとは認められないとする要件をこれまで具体的に定めていなかったため、その判定は、税法上の規定に委ねられていました。

税法は、非課税の要件を、次のように厳しく定めています。

非課税とされる法人の要件（相続税法施行令第33条第3項）の要旨
① 運営組織が適正であり、定款等にその役員等のうち親族等の占める割合を3分の1以下とすることが定められていること
② 社員、役員等に特別な利益供与がないこと
③ 定款等で、解散した場合に残余財産を国、地方公共団体、持分の定めのない法人等に帰属する旨を定めていること
④ 仮装隠蔽等の法令違反がないこと

また、運営組織が適正であるかについての判断基準については、次のような通達が出されています（相続税個別通達15）。

・運営組織が適正であるための主な判定基準
① 法人の態様に応じて、理事・監事等の員数などの機関設計に関する事項が一定の要件を満たすこと
② 贈与等を受けた法人の事業の運営及び役員等の選任等が、法令及び定款、寄附行為又は規則に基づき適正に行われていること
③ 役員等に、その地位にあることのみに基づき給与等を支給していないこと
④ 医療法人の場合、次のi又はiiの要件を満たすこと
　i．以下の要件をすべて満たすもの
　　イ　理事・監事・評議員の報酬等の支給基準を明示していること

3. 持分なし医療法人を活用した相続税対策

　ロ　社会保険診療に係る収入金額等（介護保険法の規定に基づく保険給付に係る収入金額を社会保険診療に係る収入に含めて差し支えない）の合計額が、全収入金額の100分の80を超えること
　ハ　自費請求が社会保険診療報酬と同一基準により計算されること
　ニ　医療診療により収入する金額が、医師・看護師等の給与、医療の提供に要する費用等患者のために直接必要な経費の額に100分の150を乗じて得た額の範囲内であること
　ホ　その開設する医療提供施設のうち１以上のものが、その所在地の都道府県が定める医療計画の４疾病５事業に規定する医療連携体制に係る医療提供施設として記載及び公示されていること
ⅱ．法人が特定医療法人の基準を満たすもの

　経過措置医療法人が持分なし医療法人への移行を非課税で行うには、高いハードルをクリアーしなければならない一方、平成19年４月以後は、同族関係者で持分なし医療法人を新たに設立することができます。平成19年４月以前、同族関係者で設立した持分ありの医療法人は、厳しい非課税要件を充足しなければ、非課税で持分なし医療法人に移行できないという取扱いがなされていました。

④ 出資持分の相続税対策

　院長先生の出資持分を後継者に譲渡する場合や課税（医療法人が贈与税を負担）で持分なし医療法人へ移行する場合には、出資持分評価額を下げることで、少ない税負担で移行できます。出資持分の評価には、利益や純資産が影響します。なお、認定制度による持分なし医療法人への移行については、「7　新設された納税猶予・免除制度」を参照のこと。

（Ⅰ）出資持分の評価額を下げる対策

　出資持分の評価額を下げる相続税対策には、次の2つの方法があります。

① 　意識的に評価額が下がる対策を打って、持分を移動する
　　　（例：役員退職金、大規模法人化、利益の圧縮）
② 　評価額の下がるタイミングを見極めて、持分を移動する
　　　（例：大規模設備投資後、株式市況の悪化時）

　主な方法は次のとおりです。

（1）役員退職金を活用する

①　役員退職金と出資持分対策

　医師である理事長や医師である役員に対する退職金は多額になるため、利益と純資産のいずれも圧縮することができ、出資持分評価額を大幅に引き下げることができます。そのため、役員退職金は病医院の相続対策に、きわめて重要な役割を担っています。

> **役員退職金の役割**
> ・出資持分の相続税評価額を大幅に下げることができる
> ・相続人の相続税の納税資金に充当することができる
> ・相続財産の分割問題を解決する有力手段になる
> ・遺族の生活資金になる

② 役員退職金の算定方法

　支給した退職金は原則、損金となりますが、その役員の在職年数、退職理由、同規模医療法人の役員退職金等を勘案して不相当に高額な部分は損金になりません。また、退職金を支給する直前に役員報酬を極端に増額させた場合は過大報酬とみなされるおそれがあるため、業績に応じて理事報酬を増額させるなど長い年月をかけて妥当な水準にしておく必要があります。なお、退職金が損金になるか否かは医療法人側の問題です。退職金を受け取った個人は、通常の給与所得より優遇された退職所得という扱いになり、節税メリットを享受することができます。適正退職金の算定方法にはいろいろありますが、最も多く用いられている方法が功績倍率方式と呼ばれる方法で、以下のように算定します。

　　役員退職金＝最終報酬月額×役員在職年数×功績倍率

　功績倍率は、その役員の貢献度によって違ってきます。一代で診療所から大病院を築き上げた理事長と二代目として医療法人を引き継いだ理事長ではその功績倍率は当然に違ってきます。通常、医療法人の場合は、2〜4倍といわれています。

（例1）　最終報酬月額300万円、役員在職年数20年、功績倍率3.0倍
　　役員退職金　300×20×3.0＝18,000万円

（例2）　月額報酬を以前より減額している場合には、役員退職金を次のように算出することができます。
- 理事長時代の最終報酬月額400万円、理事長在職年数20年、功績倍率3.0
  400×20×3.0＝24,000万円…(a)
- 理事時代の最終報酬月額250万円、理事在職年数5年、功績倍率3.0
  250×5×3.0＝3,750万円…(b)
- 合計　役員退職金の額　27,750万円（(a)＋(b)）

なお、役員の死亡に際して遺族に支給される弔慰金は、税法上、次のように取り扱われています。弔慰金はお悔やみ料であるため、相続税の課税対象にならず、支給する医療法人においては損金になります。

役員の弔慰金

死亡原因	損金になる範囲
業務上の死亡	死亡当時の月額報酬の3年分以内
上記以外	死亡当時の月額報酬の6ヶ月分以内

③　**死亡退職金で出資持分評価額を下げる**

相続税額を計算する際、原則として理事長が亡くなった時点で、医療法人の財務状況を把握するために仮決算を行い、社員総会で決定した理事長の死亡退職金を計上し、相続税評価額による純資産価額を算出します。しかし、実務上、亡くなった時点で仮決算をすることが困難であるため、直近の決算書をもとにして相続税評価額を算定することが認められます。この場合、受け取った生命保険金と保険積立金として資産計上されている金額を相殺した金額を資産に

計上し、死亡退職金を債務として負債に計上します。

> **設例**
> 　理事長の死亡により、医療法人は生命保険金として 2 億円を受領しました。なお、生命保険の積立金は6,000万円です。理事長の死亡退職金は 3 億円と決議されました。
> 　　資産計上額：20,000－6,000＝14,000万円
> 　　負債計上額：　 30,000万円
> 　　差引　　△16,000万円

　このように、純資産額から1.6億円を控除して出資持分を評価することができます。役員退職金を支給すると純資産が大きく減少し、出資持分評価額を大きく下げることができます。出資持分評価額が多額になっている医療法人では、退職金によって、どこまで出資持分の評価額を下げることができるか事前にシミュレーションしておくことが大切です。

④　勇退退職金で出資持分評価額を下げる

　理事長が生前に役員を退職する場合、勇退退職金を支給しその年の課税所得を赤字にします。勇退退職金を支給することで、出資持分評価額を大きく下げることができるため少ない税負担で移行できます。また、生命保険等を活用することで、資金繰りを悪化させることなく役員退職金を支給できます。

```
      X1年        X2年
   ┣━━━━━━━━━━╋━━━━━━━━━━━┫
   │    │    │  │  │    │
   役   社   決  持  保   退
   員   員   算  分  険   職
   退   総       の  契   金
   職   会       移  約   支
       で       動  解   給
       退           約
       職
       金
       支
       給
```

　X1年に役員退職金の額を決定し、課税所得を赤字にします。そして、翌年のX2年に出資持分を移動します。移動時における出資持分の相続税評価額は前年度の決算をベースに算出しますので、その評価額は著しく低くなります。役員退職金は、社員総会で役員退職金の額が決まってから3年以内に支給すれば、税務上特に問題はありません。退職金の原資を生命保険の解約で調達する場合には、解約に伴う収益が発生するので、退職金を計上した事業年度でなく翌事業年度以降に保険を解約します。

　勇退退職後は一般医師として継続して勤務することも可能です。ただし、給与は勇退前理事報酬の半額以下、もしくは、他の一般勤務医と同等の給与額にすることが必要です。他の一般勤務医の給与と比べ明らかに高額な給与が支給されている場合、退職後も経営に大きな影響を与えているものと解釈され、退職は実質的になかったものとして取り扱われるおそれがあります。退職金が役員賞与とみなされると、出資持分評価額は退職金が反映されない評価額になり、持分移動に対して多額の税金が課せられることになります。

（2）大規模設備投資をする

　病院の新築や増築等の大規模設備投資や土地の購入を行うことで、純資産価額を下げ、出資持分評価額を下げることができます。

設備投資から3年を経過すると、建物は固定資産税評価額で評価し、土地は取得原価ではなく相続税評価額で評価することができます。一般的に、純資産評価額が一時的にマイナスになって、それ以降は利益が増大するため、純資産評価額はプラスに転じていきます。こうした一時点に起きる相続税評価額がマイナス、もしくは著しく低くなるタイミングで持分の移動をすると、大きな節税ができます。

【大規模設備投資後の相続税評価額の純資産額】

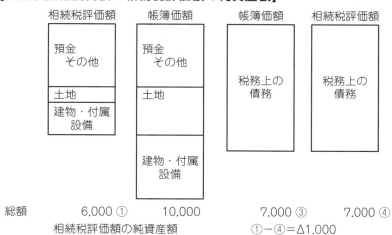

（3）大会社にして、類似業種比準価額方式で算定する

　出資持分の評価額を引き下げる方法として、「評価区分による引下げ」があります。

　出資持分の評価額は、その医療法人の規模により、大規模法人・中規模法人（さらに大・中・小の3つに区分される）小規模法人の5つあります。評価方法は、この区分によって、「類似業種比準価額方式」「純資産価額方式」と「併用方式」があります。類似業種比準価額方式では、純資産価額方式のように資産の含み益が出資評

価に影響しないため、利益を一時的に減らすことで評価を下げることができます。類似業種比準価額方式を採用する大規模医療法人に該当させる、又は、類似業種比準価額方式の割合を大きくするには、①収入を上げる、②総資産を増やす、③スタッフを増やすことによって区分を変更することができます。この評価引下げ対策は、特に「内部留保の多い」医療法人に有効になります。

（4）利益を経常的に圧縮する

医療法人の利益を経常的に圧縮することで、剰余金の蓄積も僅少になり出資持分評価額を下げることができます。具体的な対策としては、①役員報酬を増額させる、②MS法人に利益を分散させる、③損金に計上できる生命保険に加入するなどがあります。

（5）類似業種の株価が低いときに移動する

国税庁から発表される類似業種の株価は、上場会社等の株価や標本会社の株価等によって変動します。類似業種の株価が低いときに持分を移動すれば、それだけ少ないコストで移動することができます。

「その他の産業」の株価は、下図でわかるように、日経平均株価の推移と近似しています。2014年と2015年に大きく類似業種の株価が変動しているのは、国税庁が選んだ標本会社が大きく変更されたこと、類似区分数が121から118に変更されたこと等によるものと思われます。なお、平成29年にも類似区分数が118から113に業種数の変更が行われています。

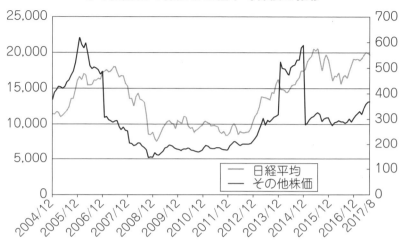

その他産業の株価と日経平均株価の推移

（Ⅱ）一般社団法人を利用した対策

（1）一般社団法人とは

　一般社団法人は、持分なし医療法人と同じように出資持分がなく、剰余金の分配も禁じられていますが、医療法人のように設立に対して都道府県知事の認可は必要ありません。準則主義（規則に準拠していれば自動承認される）によって、誰でも簡単に設立できます。一般社団法人は、「非営利」とされていますが、「非営利」とは剰余金の分配が禁止されているということだけで、不動産賃貸業やその他の収益事業を行うことができます。

　一般社団法人は、「非営利型法人」と「非営利型法人以外の法人」に２つに分類できます。
○「非営利型法人」は、
　公益認定された社団法人と同じように社員も理事も親族が３分

の１以下で構成された社団法人で、寄付金や会費収入の共益事業は非課税とされます。
○「非営利型法人以外の法人」は、
　同族関係者等が集まって設立することができる社団法人で、株式会社と同じように法人の全所得が課税対象になります。一般社団法人は、持分がないため相続税の租税回避のスキームに利用されていることから、平成30年度税制改正で創設された特定一般社団法人とそれ以外の一般社団法人に分けられます。

一般社団法人 ｛ 非営利型法人
　　　　　　　非営利型法人以外の法人 ｛ 特定一般社団法人
　　　　　　　　　　　　　　　　　　　それ以外の一般社団法人

一般社団法人と他の法人との比較

	一般社団法人	医療法人（持分なし）	株式会社
設立者	社員２名以上	社員３名以上	発起人１名以上
役員	理事１名以上	理事３名以上	取締役１名以上
出資金	なし（基金制度有）	なし（基金制度有）	資本金１円以上
事業内容	収益事業も可	医療事業	収益事業
剰余金の配当	禁止	禁止	可能

（２）特定一般社団法人とは

　一般社団法人は、持分がなく、準則主義により簡単に設立できるため、相続税の租税回避のスキームとしてよく利用されてきました。平成30年度税制改正で、租税回避を防止するため、下記の要件のいずれかを満たす一般社団法人は特定一般社団法人と定め、新しい相続税の取扱いがなされました。

【特定一般社団法人の要件】
① 相続開始の直前における同族役員数の総役員数に占める割合が2分の1を超えること
② 相続開始前5年以内において、同族役員数の総役員数に占める割合が2分の1を超える期間の合計が3年以上であること

なお、同族役員とは、一般社団法人の理事のうち、被相続人、その配偶者又は3親等内の親族その他当該被相続人と特殊関係がある者（被相続人が会社役員となっている会社の従業員等）をいいます。

この改正は、平成30年4月1日以後の一般社団法人の理事の死亡に係る相続税について適用されます。ただし、同日前に設立された一般社団法人については、平成33年4月1日以後の当該一般社団法人の役員の死亡に係る相続税について適用し、平成30年3月31日以前の期間は、上記②の2分の1を超える期間に該当しない取扱いになっています。

（3）特定一般社団法人に対する相続税の課税

一般社団法人が特定一般社団法人に該当すると、税法上、次のような取扱いになります。
① 特定一般社団法人の役員（理事に限る。以下同じ）である者（相続開始前5年以内のいずれかの時において特定一般社団法人の役員であったものを含む）が死亡した場合には、当該特定一般社団法人が、当該一般社団法人の純資産額をその死亡時における同族役員（被相続人を含む）の数で除して計算した金額に相当する金額を当該被相続人から遺贈により取得したものとみなして、当該特定一般社団法

人に相続税が課税されます。
② ①により特定一般社団法人に相続税が課税される場合には、その相続税の額から、贈与税等により取得した財産について既に当該特定一般社団法人に課税された贈与税等の額を控除します。

なお、個人から一般社団法人に対して贈与税等があった場合の贈与税等の課税についても見直しがなされ、税法上の非課税要件を満たしていない一般社団法人には、不当に減少した贈与税等を当該一般社団法人に課税することが明確化されました。

（4）一般社団法人を利用した相続税対策

税制改正により、一般社団法人を利用した相続税対策はかなり難しくなりました。しかし、同族役員の数が総役員数の2分の1を超えない範囲であっても、同族役員の意向で当該一般社団法人を運営できるならば、一般社団法人を利用した相続税対策はそれなりの効果があります。ただし、同族役員に実質的支配権があると判断されると、特定一般社団法人としてみなされることになるので留意のこと。

（イ）所得は非特定一般社団法人に移転させる

MS（メディカルサービス）法人がやっている業務を非特定一般社団法人に移します。例えば、人材派遣業務、受託業務、リース業務等を株式会社で行わず、非特定一般社団法人で行うようにします。

（ロ）収益財産は個人や会社でなく、非特定一般社団法人が所有する

収益が生まれる財産や不動産を非特定一般社団法人で所有すれば、相続が発生しても、相続人に相続税が課税されるこ

とはありません。

(ハ) 持分ありの医療法人の持分を非特定一般社団法人に譲渡する

　非特定一般社団法人が、持分ありの医療法人の出資持分を出資者より買い取ります。譲渡人には譲受人である非特定一般社団法人から譲渡対価（相続税評価額が一つの基準になります）が支払われます。譲渡人には譲渡所得に対して税金が課税されますが、分離課税であるので譲渡所得に対して20.315％の税金ですみます。認定医療法人の認定要件（参照P149）を満たせない医療法人で、非特定一般社団法人が、譲渡対価を負担できる金額であれば、非特定一般社団に出資持分を譲渡するのも一つの方法です。ただし、一般社団法人は出資者ではありますが、社員にはなれないので社員の退社に伴う出資持分の払戻請求権は有せず、残余財産分配請求権のみを有することになります。

5 特定医療法人へ移行する

　特定医療法人とは、租税特別措置法に基づく財団又は持分の定めのない社団の医療法人であって、その事業が医療の普及及び向上、社会福祉への貢献その他公益の増進に著しく寄与し、かつ、公的に運営されていることにつき国税庁長官の承認を受けた医療法人です。特定医療法人へ移行する場合、贈与税や相続税が課せられることはなく、非課税で移行できます。

特定医療法人の主な承認基準
1） 財団又は持分の定めのない社団の医療法人であること
2） 理事・監事・評議員その他役員等のそれぞれに占める親族等の割合がいずれも3分の1以下であること（ただし、認可要件として社員も3分の1以下が要件となる）
3） 設立者、役員等、社員又はこれらの親族等に対し、特別の利益を与えないこと
4） 寄付行為・定款に、解散に際して残余財産が国、地方公共団体又は他の医療法人（財団たる医療法人又は社団たる医療法人で持分の定めがないものに限る）に帰属する旨の定めがあること
5） 法令に違反する事実、その帳簿書類に取引の全部又は一部を隠ぺいし、又は仮装して記録又は記載している事実その他公益に反する事実がないこと
6） 社会保険診療等に係る収入金額の合計額が、全収入金額の

80％超であること
7) 自費患者に対し請求する金額が、社会保険診療報酬と同一の基準により計算されること
8) 医業収入が医業費用の150％以内であること
9) 役職員一人に対する年間報酬等が3,600万円を超えないこと
10) 医療施設の規模が告示で定める基準に適合すること
   ・40床以上（専ら皮膚泌尿器、眼科、整形外科、耳鼻咽喉科又は歯科の診療を行う病院にあっては、30床以上）
   ・救急告示病院
   ・救急診療所である旨を告示された診療所であって15床以上を有すること
11) 特別の療養環境に係る病床数が全病床数の30％以下であること

特定医療法人のメリット・デメリット

【メリット】

・出資持分問題（相続税・払戻請求権）から解放される
・法人格移行時に贈与税・相続税の課税がない
・法人税率が軽減されるため、節税ができる（19％、所得800万円以下は15％）

【デメリット】

・同族経営ができなくなる（経営の自由度が弱まる）
・高額な役員報酬を得ることができなくなる（年間報酬の最高額は3,600万円）
・残余財産が自分のものでなくなる
・損金不算入が増える可能性がある（交際費等）

6 社会医療法人への移行

　社会医療法人とは、持分のない医療法人の1つで、地域医療の中核を担う医療機関として都道府県知事に認定された医療法人です。具体的には、救急医療や災害時における医療、へき地医療、周産期医療、小児医療等、特に地域で必要な医療の提供を担う医療法人について、継続して良質かつ適切な医療を効率的に提供する体制の確保を図るために創設された法人で、地域中核病院の機能補完を行う役割を期待されています。社会医療法人は、都道府県医療審議会の聴聞を経て都道府県知事が認定します。

　社会医療法人へ移行した場合、医療法人に対する清算所得課税や出資者に対する課税は行われません。なお、移行後に要件を満たさなくなったことを理由に認定が取り消された場合、1年間の猶予期間が与えられます。この間に要件を満たすことができなかった場合には、移行時から取消時までの間に優遇された部分に対して一度に課税されます。

　なお、救急医療確保事業に係る業務の継続的な実施の計画に都道府県の認定を受け、毎年実施報告書を提出すれば、一括課税されることなく、最大18年間の課税の繰延べができます。

社会医療法人の認定要件
1） 理事、監事その他役員等のそれぞれに占める親族等の割合がいずれも3分の1以下であること
2） 社団医療法人の場合、社員に占める親族等の割合が3分の

1以下であること
3) 財団医療法人の場合、評議員に占める親族等の割合が3分の1以下であること
4) 救急医療等確保事業に係る業務を実施し、その業務が厚生労働大臣の定める基準に適合していること
　・救急医療（精神科救急医療）　・災害時における医療　・へき地の医療
　・周産期医療　・小児医療　等
5) 理事6名以上・監事2名以上とし、それぞれ社員総会もしくは評議員会の決議にて選任されること
6) 役員及び評議員に対する報酬等について、民間事業者の役員の報酬等及び従業員の給与、当該医療法人の経理の状況その他の事情を考慮して、不当に高額なものとならないような支給の基準を定めているものであること
7) 役員等に対し特別な利益を与えないこと
8) 他の団体の株式や出資金等を保有することで、議決権の過半数を有していないこと
9) 直近の3会計年度及び社会医療法人の認定日の前日までに、法令に違反する事実や帳簿書類に仮装隠蔽の事実その他公益に反する事実のないこと
10) 社会保険診療等に係る収入金額の合計額が、全収入金額の80％超であること
11) 自費患者に対し請求する金額が、社会保険診療報酬と同一の基準により計算されること
12) 医業収入が医業費用の150％以内であること
13) 定款又は寄付行為において、解散時の残余財産を国、地方公共団体又は他の社会医療法人に帰属する旨を定めている

こと

社会医療法人のメリット・デメリット

【メリット】
・出資持分問題（相続税・払戻請求権）から解放される
・法人格移行時に贈与税及び相続税の課税がない
・医業保険業及び非収益事業は法人税が非課税となる
・収益事業等に属する資産のうちから医療保険業に支出した金額は、収益事業等にかかわる寄付金とみなし、収益事業等にかかる法人税の損金算入が認められる
・訪問看護などの付帯業務及び社会医療法人に認められている一般収益事業から生じた所得については法人税率が軽減される（19%、所得800万円以下は15%）
・救急医療等確保事業等の業務の用に供する固定資産の不動産取得税・固定資産税等が非課税となる

【デメリット】
・同族経営ができなくなる
・高額な役員報酬を得られなくなる
・認定の取消しリスクがある
・損金不算入が増える可能性がある（交際費等）

7 新設された納税猶予・免除制度

（1）制度の趣旨

　「持分ありの医療法人が、出資者の死亡、相続人等による出資持分の一部払戻しと残りの出資持分の放棄があっても、医業の継続に支障をきたすことなく、地域住民への医療提供を続けるとともに、円滑に持分のない医療法人に移行できることにより、地域住民に対して医療を安定的に提供するため」（厚生労働省の要望書）に、つまり、持分なし医療法人への移行を促進するため、新たに相続税と贈与税の納税猶予制度が創設されました。厚生労働大臣に持分なし医療法人への移行の認定を申請し、移行の認定を受ければ、とりあえず、個人に相続税や贈与税を課税することを猶予するということです。つまり、持分なし医療法人への移行プロセスにおいて、出資者の持分放棄に時間差があると他の出資者に「みなし贈与税」が課税され、また、出資者に相続が発生すると相続税が課税されることで、移行が困難にならないよう贈与税や相続税の納付を猶予して、スムーズに持分なし医療法人に移行できるようにしました。

（2）納税猶予の概要

　この制度は、認定制度の施行日（平成26年10月1日）から3年以内（平成29年9月30日まで、改正により平成32年9月30日まで延長）に限り、厚生労働大臣による移行計画の認定を受け、その後3年以内に持分なし医療法人に移行すると猶予税額が免除されるとい

う特別措置です。

【相続税】

① 相続人が出資持分を相続（遺贈も含む）により取得した際、一定の要件を満たした場合には、その持分にかかる相続税の納税が移行計画の期間満了まで猶予されます。

② 移行期間内に相続人が持分のすべてを放棄した場合には、猶予税額は免除されます。

③ 移行期間内に持分なし医療法人に移行しなかった場合又は認定の取消し、持分の払戻し等の事由が生じた場合には、猶予税額を納付しなければいけません。また、基金拠出型医療法人に移行した場合には、持分のうち基金として拠出した部分に対応する猶予額についても同様とします。

④ 猶予税額の全部又は一部を納付する場合には、相続税の申告期限からの期間にかかる利子税を合わせて納付します。

⑤ 平成26年10月1日以後の相続（遺贈も含む）にかかる相続税に適用されます。

【贈与税】

① 出資者が持分を放棄すると、他の出資者にみなし贈与が発生しますが、一定の要件(注)を満たした場合には、その持分にかかる贈与税の納税が移行計画の期間満了まで猶予されます。

② 移行期間内に他の出資者が持分の全てを放棄した場合には、猶予税額は免除されます。

③ 猶予税額の納付、利子税の納付等については、相続税と同様とします。

④ 平成26年10月1日以後のみなし贈与にかかる贈与税に適用さ

れます。

(注) 一定の要件
・相続税の申告期限において医療法人が認定医療法人であること
・担保(全出資持分でも可)を提供すること

　認定医療法人とは、良質な医療を提供する体制の確立を図るための医療法等の一部を改正する法律に規定される移行計画について、平成26年10月1日から3年以内に厚生労働大臣の認定を受けた医療法人をいいます。

(3) 相続税の納税猶予額

　認定医療法人において、出資持分を所有する者に相続が発生した場合、持分を相続した相続人に対する相続税の猶予税額は次のように算出します。

ステップ1：通常の相続税額の計算を行います。

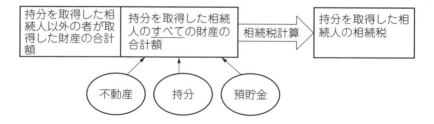

ステップ２：持分を取得した相続人以外の者の取得財産は不変とした上で、当該相続人が持分のみを相続したものとして相続税額の計算を行います。

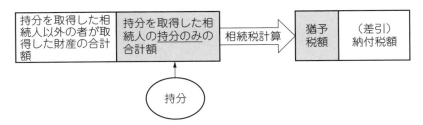

※ 贈与税にかかる猶予税額の計算方法も、基本的に相続税と同様です。

設例

制度を理解するために、３つのケースの納税額を比較してみましょう

持分あり医療法人甲の持分を理事長が100％所有しています。この度、認定医療法人の許可を取得しましたが、移行が終わる前に理事長が急死しました。甲は当初の計画どおり、非課税要件を満たす持分なし医療法人に移行する予定です。

・理事長の相続財産
　　甲の出資持分　　３億円
　　その他の財産　　４億円
　　総計　　　　　　７億円
・相続人：長男（承継者）と次男の２人
・遺産分割：長男（承継者）甲の出資持分　３億円・その他の財産２億円

7. 新設された納税猶予・免除制度

次男　その他の財産　2億円

① **納税猶予制度を利用した場合**

相続税額の計算

　課税遺産総額：7億円－4,200万円（基礎控除）＝6億5,800万円

　長男（承継者）：6億5,800万円×1/2×50％－4,200万円

　　　　　　　　＝1億2,250万円

次男：1億2,250万円

納税額の合計　2億4,500万円

長男（承継者）の納税額　2億4,500万円×5億円／7億円

　　　　　　　　＝1億7,500万円

次男の納税額　2億4,500万円×2億円／7億円＝7,000万円

納税猶予額の計算（長男が出資持分のみを相続したと仮定して猶予
　　　　　　　額を算出）

　課税遺産総額：5億円－4,200万円＝4億5,800万円

　長男（承継者）：4億5,800万円×1/2×45％－2,700万円

　　　　　　　　＝7,605万円

次男：7,605万円

納税額の合計：1億5,210万円

長男の納税猶予額：1億5,210万円×3億円／5億円＝9,126万円

→長男の納税額：1億7,500万円－9,126万円＝8,374万円

　次男の納税額：7,000万円

結論：猶予税額控除の納税額合計　1億5,374万円

　　　猶予税額　9,126万円

　　　※　猶予額は、認定後3年以内に持分なし医療法人に移行す

ると免除されます。

* 相続財産の出資持分が遺産分割されていないと猶予制度は適用できません。

② 納税猶予制度を利用しなかった場合

納税猶予制度を利用せず、医療法人甲は、持分なし医療法人への移行を社員総会で決議はしたが、持分を放棄する前に理事長に相続が発生し、申告期限までに持分なし医療法人へ移行が完了した場合、設例の場合の相続税は次のようになります。

〈相続税額の計算〉

課税遺産総額　7億円－4,200万円＝6億5,800万円

長男（承継者）：6億5,800万円×1/2×50％－4,200万円
　　　　　　　　＝1億2,250万円

次男：1億2,250万円

→納税額の合計　2億4,500万円

長男（承継者）の納税額：2億4,500万円×2億円/7億円
　　　　　　　　　　＝7,000万円

次男の納税額：2億4,500万円×2億円/7億円＝7,000万円

甲の納税額　：2億4,500万円×3億円/7億円＝1億500万円
　　　　　　　1億500万円×1.2＝1億2,600万円
　　　　　　　（法定相続人でないため2割加算）

※　長男は、1億2,250万円の相続税を支払うところを、持分放棄によって7,000万円になりました。不当に減少した税額は、5,250万円です。

次男も同様に5,250万円減少するので、合計1億5,000万円になります。

この不当に減少した相続税額に対して、甲は相続税を別途支

払うことになります。

結論：個人、医療法人の納税額合計　2億6,600万円

③　生前に持分なし医療法人に移行した場合

〈相続税額の計算〉

課税遺産総額　4億円 − 4,200万円 = 3億5,800万円

※　理事長の相続財産は、出資持分がないため4億円になります。

長男（承継者）：3億5,800万円 × 1/2 × 40% − 1,700万円
　　　　　　　= 5,460万円

次男：5,460万円

→納税額の合計　1億920万円

長男の納税額　1億920万円 × 2億円 / 4億円 = 5,460万円

次男の納税額　1億920万円 × 2億円 / 4億円 = 5,460万円

結論：納税額合計　1億920万円

【まとめ】

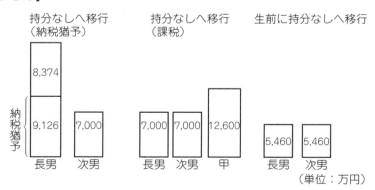

① 長男の相続税、納税猶予額及び次男の相続税の合計額は2億

4,500万円となります。一方、課税移行で持分なし医療法人になる場合は、長男の相続税、次男の相続税、及び医療法人甲が代わって負担する2割加算前の税金の合計額は2億4,500万円と同額になります。

② 納税猶予を受け、持分なし医療法人へ移行する場合、持分以外の相続財産2億円に対する長男の相続税は8,374万円ですが、次男の相続財産2億円に対する相続税は7,000万円と違います。長男は、納税猶予が免除されても次男より高い相続税が課税されることになります。

③ 課税方式で持分なしに移行した場合は、長男と次男の相続税は7,000万円と同額なります。

④ 生前中に持分なしになっていれば（例えば、持分評価額をゼロにし、持分なしに移行）、長男と次男の相続税は、5,460万円と少なくなります。

⑤ 出資持分以外の財産4億円に対し、長男と次男が支払う相続税の総額は、ケースによって次のようになります。

ケース	相続税合計額
納税猶予で持分なしへ移行	1億5,374万円
課税で持分なしへ移行	1億4,000万円
生前に持分なしへ移行	1億920万円

上記の比較分析でわかるように、出資持分の生前の相続税対策がいかに重要であるかがわかります。

（4）旧制度における相続税の納税猶予と課税関係について

出資者に相続が発生し、相続人が相続税の納税猶予を受けた場合、移行後の持分なし医療法人が、非課税の要件を満たす医療法人

7. 新設された納税猶予・免除制度

であるかそれとも満たしていない医療法人であるかによって課税関係は大きく異なりました。

① **非課税要件を満たす医療法人の場合**

移行期限までに、非課税要件を満たす医療法人に移行完了すれば、相続税の納税猶予額は免除され、また、医療法人には課税関係が発生しません。

② **非課税要件を満たしていない医療法人の場合**

移行期限までに、非課税要件を満たさない医療法人へ移行しても、相続税の納税猶予額は免除されます。しかし、持分を放棄した時点で、医療法人を個人とみなして贈与税が課税されることになります。なぜなら、相続税の納税猶予制度は、相続した出資持分を含めた相続財産に相続税を課税し、そのうち放棄される予定の出資持分に対する相続税を猶予するというものです。つまり、相続人は出資持分を相続して、その後、持分なし医療法人への移行手続において、出資持分を放棄したと税法は捉えます。遺産分割協議書に基づき、相続した財産を、後日、他の相続人の名義に変更すると、他の相続人へ贈与があったとして取り扱われるのと同じです。

設例の医療法人甲が、非課税要件を満たしていない持分なし医療法人に移行した場合、持分を放棄した時点の出資金の相続税評価額を3億円とすると、医療法人は、1億6,039.5万円（（3億円－110万円）×55％－400万円＝1億6,039.5万円）の贈与税を支払うことになります。

したがって、旧移行計画認定制度は非課税要件を満たす持分なし医療法人（特定医療法人、社会医療法人等）への移行準備期間中に相続が発生した場合には、それなりの意義がありますが、持分なし医療法人への移行を促進する制度としては、大き

な欠陥を持っていました。

（5）改正された移行計画認定制度

① 改正の趣旨

　厚生労働省は、これまで移行後の医療法人が非課税要件を満たしているか否かの判定は課税庁マターであるというスタンスを取っていました。そうすると、税務調査等により、課税庁より非課税の要件を満たしていないと判断されれば、医療法人に多額の「みなし贈与税」が課税されることになります。そのため、平成28年9月30日までの2年間で、認定を受けた医療法人は61件（うち持分なしへの移行完了13件）と極めて低調な結果になりました。

　そこで、平成29年度税制改正により、租税特別措置法における移行計画認定制度を3年間延長する改正に対応し、厚生労働省は、医療法施行規則を改正し、不当に減少するとは認められないとする要件を定めることにしました。経過措置医療法人の持分なし医療法人への移行を促進するため、従来の税法上の要件よりハードルを下げた内容になっています。移行計画の認定要件に、その医療法人の運営に関し、社員、理事、監事、使用人その他の関係者に対し特別の利益を与えないものであることなどの要件を定め、非課税の要件を満たしている持分なし医療法人への移行を認定する制度に改正しました。すなわち、認定制度により、経過措置医療法人が持分なし医療法人に移行する場合、医療法施行規則に定められた要件を満たしていれば、不当に減少するとは認められないとし、税務上においても課税関係が発生しない移行の仕組みを作り上げました（租税特別措置法第70条の7の10第1項）。

② 医療法施行規則の非課税要件の概要

医療法施行規則に定められた非課税要件、すなわち、運営に関する要件の概要は、次のとおりです（医療法施行規則57条の2）。

・運営の要件

イ　社員、理事、監事、使用人等の関係者に対して特別の利益を与えないこと

ロ　理事、監事に対する報酬等が不当に高額なものとならないような支給の基準を定めていること（民間事業者の役員の報酬等及び従業員の給与、当該経過措置医療法人の経理の状況その他の事情を考慮して、不当に高額なものとならないような支給の基準を定めている）

ハ　株式会社等や特定の個人等に対し、寄附その他の特別の利益を与える行為を行わないこと

ニ　遊休資産の額が事業に係る費用の額を超えないこと

ホ　仮装隠蔽がないこと

・事業の要件

イ　社会保険診療、健康増進事業（健康診査に係るものに限る）、予防接種、助産(注)、及び介護保険法に係る収入金額の合計額が、全収入金額の80％を超えていること

（注）一分娩に係わる助産に係わる収入が50万円を超えるときは50万円を限度とする。

ロ　自費患者への請求の金額が社会保険診療報酬と同一の基準により計算されていること

ハ　医療診療により収入する金額が、給与、医療の提供に要する費用（投薬費を含む）等患者のために直接必要な経費の額に150％を乗じた金額の範囲内であること

③ 相続税法施行令と医療法施行規則との差異

非課税への移行要件について、相続税法施行令と医療法施行規則では次のような差異があります。

要　件	相続税法施行令	医療法施行規則
○運営組織の適正 　役員等の親族の割合	・親族の割合は1/3以下（1/3超であれば適正ではない　個別通達15）	規定なし
役員等の最低人数	理事6人　監事2人	規定なし（認可基準　理事3人、監事1人）
遊休資産の上限額	規定なし	上限額の規定
○事業規模・事業内容等	・医療連携体制の施設として記載、公示されている	社会医療法人の一部準用

税法の非課税要件のうち、医療法にも踏襲された要件は、以下のとおりです。

i　法人関係者・関係会社等に特別な利益供与がないこと
ii　役員報酬等について不当に高額にならないように支給基準が定められていること
iii　特定医療法人認可要件の一部
　　・社会診療に係る収入等が全体の80％以上であること
　　・自費患者への請求金額が社会保険診療報酬と同一の基準であること
　　・医療診療収入金額が、人件費、薬品材料費等の直接必要な経費の150％を乗じた金額の範囲内であること
v　仮装隠蔽等法令違反がないこと

なお、事業内容等については、社会医療法人の要件（医療法

施行規則第30条の35の3）をほとんどそのまま準用しています。

　経過措置医療法人が持分なし医療法人への移行を促進するため、医療法施行規則は、非課税要件のハードルを大幅に下げていることがわかります。

　すなわち、平成19年4年以降設立の医療法人と横並びになるように、役員等の親族の割合については規定せず、また、規模の小さな医療法人に対応するため、役員等の最低人数を特に定めず、医療連携体制の施設の要件も外しました。ただし、助産についての限度額50万円の規定や市町村から委託を受けたがん検診などを社会保険診療収入から除外する規定は、本制度の趣旨とそぐわないものと思料され、改善が望まれます。

④　認定と認定期限等の概要

認定と認定期限

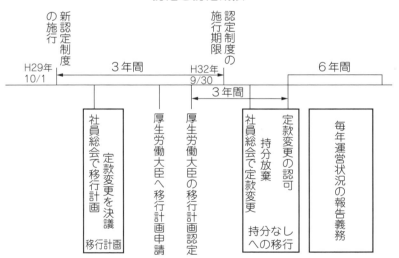

　新しく施行された移行計画認定制度による持分なし医療法人へ移行は、次のような手続の流れになります。

ステップ1　移行計画の申請（厚労省）
　① 移行計画の申請について、社員総会で決議を得る
　② 厚生労働大臣あてに移行計画の申請を行う
　③ 主な必要書類
　　　・社員総会議事録（移行計画申請の決議）
　　　・移行計画認定申請書
　　　・移行計画
　　　・出資者名簿
　　　・定款（案）（移行計画の認定を受けた認定医療法人である旨を記載したもの）及び新旧対照表
　　　・直近3年間の貸借対照表及び損益計算書
　　　・運営に関する要件に該当する旨を説明する書類

ステップ2　定款変更（都道府県）
　　　・社員総会議事録（認定医療法人である旨を記載した定款への変更を承認したもの）
　　　・移行計画の認定通知書
　　　・定款（案）及び新旧対照表
　　　定款変更認可後3ヶ月以内に厚労省に報告
　　　　　定款変更許可書、定款及び新旧対照表
　　　　　実施状況報告書
　　　　　運営の状況に関する報告書

ステップ3　実施状況報告（厚労省）
　　　・持分なし医療法人への移行の進捗状況について報告
　　　・運営の状況に関する報告書

・持分の放棄等処分が完了してから3ヶ月以内にその状況を報告
・運営の状況に関する報告書

ステップ4　持分なし医療法人の定款変更（都道府県）

・社員総会議事録（持分なし医療法人の定款変更の決議）
・定款（案）及び新旧対照表
定款変更認可後3ヶ月以内に厚労省に報告
定款変更許可書、定款及び新旧対照表
実施状況報告書
運営の状況に関する報告書

ステップ5　6年間の報告（厚労省）

・運営の状況に関する報告書

＊　なお、旧制度で移行期間にある認定医療法人は、改正された制度に乗り換えることができますが、最初に認定を受けた日から3年以内に移行しなければ、猶予税額が免除されない点に留意してください。

⑤　**移行計画認定制度と課税関係**

移行計画認定制度によって、持分なし医療法人への移行をする場合、課税関係は次のようになります。

イ　移行計画認定と課税関係

持分なし医療法人への移行計画を申請し、非課税要件を満たしていると厚生労働大臣から移行計画の認定を受けると、個人に課税される持分の贈与税や相続税は猶予されます。

ロ　持分の放棄等と課税関係

　持分の放棄等が実施され、新医療法人の定款変更が許可されると、新医療法人に対する贈与税や相続税が猶予されます。新医療法人は放棄により受けた経済利益についての明細書等を添付し、猶予された税額を記載して翌年の３月15日までに贈与税の申告を行います。

ハ　６年間の報告義務期間

　６年間にわたって毎年提出される「運営の状況に関する報告書」等の検証により、非課税の要件を満たしていないと判断されると、認定が取り消され、猶予された贈与税や相続税が新医療法人に課税されることになります。ただし、取消しのあった日から２ヶ月以内に修正申告を提出すれば、無申告加算税や延滞税は課税されない取扱いになっています。

　なお、厚生労働省から所轄税務署に当該認定医療法人の認可通知書が送付されますので、当該認定医療法人が非課税要件を実際に満たしているか否かについて、所轄税務署の税務調査も行われることになると思われます。また、税務調査の結果は厚生労働省に通知され、当該認定医療法人の改善、取消しなどの行政指導に利用されるものと思われます。

　したがって、非課税要件は移行計画が認定されてから、移行までの３年間と、移行後の６年間と合わせて最大９年間維持していなければなりません。

⑧ 自院の取るべき方針を決める

　出資持分の相続税問題は、今後、出資持分の相続税評価額がどのように推移していくのかを予測し、早い段階から自院の取るべき方針を判断し、出資持分の相続税問題を解決しなければなりません。

　出資持分の相続税問題は、出資持分の所有者の考え方、医療法人の規模、理事長や医業承継者の考え方などによって大きく違ってきます。次のフローチャートを参考に、自院の取るべき方針を検討してください。

持分あり医療法人の出資持分の相続税対策

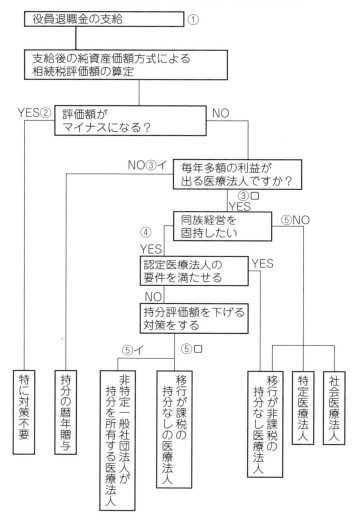

① **役員退職金の算定**

　功績倍率方式で、理事長先生の退職金を算定します。例えば、理事長の月額報酬が300万円、役員就任期間が20年、功績倍率を

3とした場合の役員退職金は1億8,000万円となります。医療法人の純資産評価額を算定し、その金額から理事長先生への退職金を控除します。その結果、退職金計上後の純資産評価額がマイナスになれば持分に対して相続税は課税されません。

② **退職金計上後の純資産評価額がマイナスの場合**

　　無床診療所のほとんどが、理事長への死亡退職金を計上すると、純資産評価額はマイナスになります。このようなケースでは、持分に対する特別な相続税対策は必要ありません。

③ **毎年多額の利益が出る医療法人であるか**

　イ）　毎年の利益が僅少である場合

　　　　退職金計上後の純資産評価額はプラスであるが、毎年の利益が僅少であれば、持分を毎年相続人に贈与していく方法があります。

　ロ）　毎年の利益が多額に発生する場合

　　　　毎年の利益が多額に発生し、持分評価額が額面の何十倍になっている医療法人では、今後どのような方針で医療法人を運営するかを早急に検討しなければなりません。

④ **同族経営を固持したい場合**

　　医療法人を運営するにあたり、同族色を強く出し、家族の結束力で医療法人を力強く運営したい場合は、それに沿った対策をすることになります。

　イ）　認定医療法人の要件を満たせる場合

　　　　新しい認定医療法人制度を利用して、持分なし医療法人へ移行します。6年間の要件遵守と報告義務がありますが、同族経営を維持したまま、非課税で持分なし医療法人へ移行ができます

　ロ）認定医療法人の要件を満たせない場合

認定医療法人の要件を満たせない場合、もしくは、要件を満たす経営をしたくない場合は、税負担を少なくするため、出資金に対する相続税評価額をできるだけ下げ、次の対策をします。

ⅰ）持分なし医療法人へ課税ありで移行する

出資持分を放棄することにより、個人から医療法人へ出資持分の贈与があったとして、贈与税を当該医療法人が負担して、持分なし医療法人へ移行します。

ⅱ）持分を非特定一般社団法人へ譲渡する

非特定一般社団法人に出資者が所有する医療法人の出資持分を売却し、出資者は売却代金を得ます。譲渡人は、譲渡所得税を支払うことで、持分の相続税問題から解放されます。

⑤ **同族経営を固持しない場合**

公共的医療機関として運営していきたい場合は、非課税の要件を満たし、持分を放棄し、持分なしの医療法人へ移行します。移行先には、社会医療法人、特定医療法人、そして非課税要件を満たした持分なし医療法人があります。

第7章

病医院の不動産と相続税対策

1 病医院の土地と相続税対策の考え方

　医業承継に係わる大きな難問の１つに、個人が所有する病医院不動産、とりわけ、土地の相続問題があります。この問題を解決するには、まず、所有している病医院の土地面積とその相続税評価額を把握し、どのような相続税対策が考えられるかを多方面から検討し、相続に備えた対策をとることが大切です。

　税理士法人アフェックスでは、以下のフローチャートのように整理し、この問題の解決に取り組んでいます。

　このフローチャートから、次のことがわかります。

① 　診療所では、土地の面積が600m²以下であれば、400m²を超える部分は生前贈与し、400m²の部分は小規模宅地等の特例を適用すること。

② 　診療所の面積が600m²超であれば、生前贈与はもちろんのこと、節税効果の高いタワーマンション等を購入し、相続税評価額を圧縮する。

③ 　病院の場合はその敷地面積も広いので、生前贈与、特定医療法人・社会医療法人成りと土地の寄付、赤字を利用した借地権の贈与、納税資金の蓄積、などいろいろな対策が必要になります。

　病医院の土地は、医業を継続していくための不可欠な財産です。税法も事業が継続できるよう特典を設けています。病医院の土地に対する相続税対策を考える上でもまず、税法の規定をしっかり理解する必要があります。

1. 病医院の土地と相続税対策の考え方

病医院の土地と相続税対策

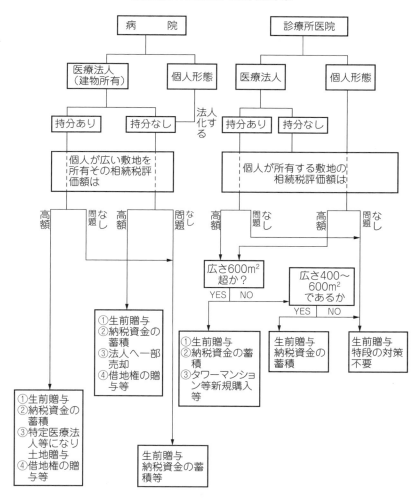

2 個人病医院の不動産と相続税評価額

　事業を承継する相続人が、病医院の土地等を相続後も引き続き事業用に継続して利用している場合には、税法は、その土地等の評価額の一定割合を減額し、事業を継続しやすくする特例を設けています。この特例には、いろいろな適用要件が定められています。しっかり理解し、最大限利用すると大きな節税ができます。

特定事業用宅地等の特例

① 内容：限度面積　400m²まで、相続税評額の80％を減額できる

② 適用要件：相続人が事業用宅地等を相続し、かつ、相続税の申告期限まで引き続き所有し、事業を承継していること

設例

　個人診療所を経営する院長先生が所有する土地は次のとおりです。

　診療所の土地　面積400m²　　相続税評価額　1億円
　診療所建物　　　　　　　　　相続税評価額　3,000万円

（1） 相続承継の場合

① **相続発生後、承継者である医師の長男が診療所の土地400m²を相続する場合**

土地の相続税評価額：

1億円 −（1億円×400m²/400m²×80％）＝2,000万円

診療所建物の課税評価額：3,000万円

② **医師の長男と会社員の次男がそれぞれ半分ずつ相続する場合**

土地の相続税評価額：

1億円 −｛(1億円÷400m²)×200m²)×80％｝＝6,000万円

※ 次男は事業承継者でないので、相続した土地に対して特例は適用できません。

診療所建物の課税評価額：3,000万円

ポイント

承継者が、特例の限度面積である400m²を1人で相続したほうが有利であることがわかります。承継者は、病医院の土地の全部を相続することが理想ですが、それが無理でも、限度面積までは1人で相続できるように分割をまとめあげることが大切です。

---

③ **診療所と自宅が兼用の場合**

＜設例において＞

1階を診療所（300m²）、2階を自宅（200m²）として利用していました。相続が発生し、長男が診療所を相続することになりましたが、長男には自宅があるため、2階は当面空き家とすることになりました。

・土地を利用形態別に按分します。
 診療所部分の土地：400m²×300m²/500m²＝240m²
 自宅の部分の土地：400m²×200m²/500m²＝160m²
・事業用土地の特例適用面積240m²の相続税評価額
 1億円×300m²/500m²＝6,000万円
 特定事業用宅地特例適用後の評価額
 6,000－(6,000×240/240×80％)＝1,200万円
・2階相当分の土地の相続税評価額
 1億円－6,000万円＝4,000万円
 ※ 承継者は本人の自宅があるため居住用宅地等の特例は適用できません。
よって、土地の課税評価額：5,200万円（1,200＋4,000）
　　　　建物の課税評価額：3,000万円

ポイント

平成27年以降、事業用と居住用の小規模宅地等の特例を別々に適用できるようになります。したがって、節税をするには、双方の特例が適用できるように、相続人は適用要件を満たす準備をしておくことが大切です。

（2）生前承継の場合

＜設例において＞

相続発生前に、医師の長男が生前承継して、診療所の開設者・管理者になっている場合、相続時の土地の評価額は次のようになります。

① **承継者と被相続人（父）が生計一の場合**

生計を一にしているので、被相続人が承継者と一体となって事業をしていると解釈できるので、特例が適用できます。

よって、土地の課税評価額：2,000万円

建物の課税評価額：3,000万円

② **承継者と被相続人が生計別の場合**

（ⅰ）承継者が無償で診療所を借りている場合

生計を別にしている承継人が既に事業を継承しており（被相続人は事業をしていない）、かつ、被相続人の所有する土地を、無償で利用しているので、相続税を軽減する理由はないため、特定事業用宅地等の特例は適用できません。

よって、土地の課税評価額：1億円

建物の課税評価額：3,000万円

（ⅱ）承継者が有償で診療所を借りている場合

（設例追加事項）

借地権割合　70％、借家権割合　30％とします。

相当の対価を得て継続的に診療所を賃貸している場合、その敷地は他人に貸しているということで、処分や使用の自由度が制限されるため、貸家建付地として評価額を減額することができます。ただし、被相続人は事業でなく、不動産の貸付けをしているということで、相続人には不動産の貸付けに対する特例（限度面積200m²、減額割合50％）が適用されます。

貸家建付地の評価額：

1億円×（1－70％×30％）＝7,900万円

小規模宅地等の特例　7,900－（7,900×200/400×50％）

=5,925万円

建物の評価額:承継者に借家権が発生しているため、評価減できます。

3,000万円×(1−30％)=2,100万円

よって、土地の課税評価額:5,925万円
建物の課税評価額:2,100万円

【まとめ】

個人病医院の不動産の課税評価額

(単位:万円)

			土地の評価額	建物の評価額	合計額
生前承継	①	生計を一にする	2,000	3,000	5,000
	②	生計を別にする			
		イ)無償	10,000	3,000	13,000
		ロ)有償	5,925	2,100	8,025
相続承継			2,000	3,000	5,000

結論:
　個人病医院の場合、生計が別であれば、相続発生前に院長を交代するより、実質的に子に事業承継(副院長として実質経営する)させ、院長先生は開設者・管理者としてとどまるほうが、事業用不動産の課税評価額は低くなるので、相続税が有利になります。

医療法人と病医院の不動産

(1) 個人が所有する病医院の不動産

個人が所有する病医院の不動産は、医療法人が当該不動産をどのような形態で借用しているかで、その課税評価額が異なります。

> **設例**
> 個人病医院の場合と同じ敷地とします。
> 　診療所の土地　面積400m²　相続税評価額　1億円
> 　診療所建物　　　　　　　　相続税評価額　3,000万円

① **医療法人がテナントの場合**

院長先生が、病医院の建物と土地を所有して、医療法人がその建物を院長先生から賃借している場合、院長先生に相続が発生し、相続人が相続し、申告期限まで引き続き、医療法人に貸付けをしていれば、貸付地としての特例が適用できます。

　よって、土地の課税評価額　5,925万円
　　　　　建物の課税評価額　2,100万円

② **診療建物を医療法人が所有している場合**

地代の賃借条件によって、土地の評価額が違ってきます。

　イ) 無償で使用貸借しているとき

　　医療法人が無償、もしくは固定資産税に相当する地代しか支払っていなければ、相続人の相続税を減額する理由はありませ

ん。

　　よって、土地の課税評価額　　　1億円

ロ）医療法人が有償で土地を借りている場合

a）　地代の額が相当なる地代の場合

　ⅰ）特定同族会社(注)に該当する場合

　　　医療法人が建物を所有していても、医療法人が特定同族会社に該当すれば、被相続人が建物を所有している場合と実質的な違いがないため、特定同族会社として事業用宅地等の特例が適用できます。

　　　なお、相当なる地代であれば、税法上、借地権の受贈益が賃借人の医療法人に発生しないとみなされるので、土地の無償返還の届出を所轄税務署に提出する必要はありません。また、有償の地代（固定資産税額の約3倍以上）の取引であると、税法では、土地の評価額の20％がみなし借地権として医療法人に移転しているとみなし、個人が所有する土地の評価額は80％で評価されます。すなわち、みなし借地権として土地の20％が建物の所有者である医療法人に移転しているととらえます（みなし借地権は医療法人の財産として出資持分に反映されます）。

・みなし借地権控除後の土地の相続税評価額

　　1億円×(1−20％※)×(1−400/400×80％)＝1,600万円

（P180図①）

　　※　みなし借地権控除

　ⅱ）特定同族会社に該当しない場合

　　　持分あり医療法人でも特定同族会社に該当しない場合や「持分なし医療法人」の場合には、特定事業用宅地等の特例は適用できません。不動産の貸付けに対する特例（制限

面積200m²）が適用できます。

不動産貸付による特例適用後の土地の相続税評価額：

8,000万円 −（8,000×200/400×50%）＝6,000万円

(P180図②)

b) 地代の額が相当なる地代に満たないとき

　医療法人に対する借地権の受贈益課税を避けるため、土地の無償返還の届出を所轄税務署に提出します。この場合、有償の地代（固定資産税の3倍位が多い）のやりとりがあるので、相当なる地代を支払っている場合と同等の取扱いを受けます。

（ⅰ）特定同族会社に該当するとき

　　事業用宅地等の特例による減額ができます。

　　土地の課税評価額：1,600万円

（ⅱ）特定同族会社に該当しないとき

　　貸付地としての特例の減額ができます。

　　土地の課税評価額：6,000万円

　持分なしの医療法人が病医院建物を所有している場合は、みなし借地権が医療法人に移行していますが、その分に対して相続税が課税されないというメリットがあります。

医療法人と不動産の相続税評価額

(単位：万円)

	土地の評価額	建物の評価額	合計額
医療法人がテナント	5,925	2,100	8,025
医療法人が建物を所有			
地代は無償	10,000	—	10,000
地代は有償			
特定同族会社に該当	1,600	—	1,600
特定同族会社に非該当	6,000	—	6,000

(注) 特定同族会社に該当するとは、医療法人が次の2つの要件を満たす場合です。
　① 医療法人の出資の50％超を理事長及びその家族等が所有していること
　② 親族の後継者が相続で敷地を相続し、申告期限において医療法人の役員であること
　なお、持分なし医療法人は上記の要件を満たさないので、特定同族会社には該当しません。

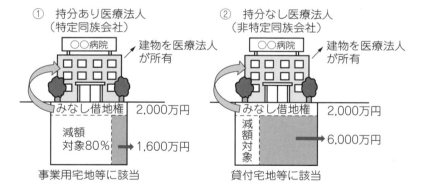

結論
①　医療法人がテナントして建物を賃借している場合、病医院の土地は、貸付地としての減額特例を適用することができます。
②　医療法人が建物を所有し、個人が所有する土地を賃借している場合、地代が有償であればみなし借地権が建物を所有する医療法人に移転しているとみなされ、土地の相続税評価額は80％で評価することができます。
③　移転したみなし借地権（更地評価額の20％）は、医療法人が持分ありの医療法人であれば、出資持分の評価額に反映されますが、持分なし医療法人であれば、みなし借地権に対する相続税は発生しません。
④　医療法人が特定同族会社に該当すれば、土地については、事業用宅地等の特例が適用できるので、減額される金額も大きくなります。持分なし医療法人では、貸付地の特例が適用されるため、減額の金額は少なくなります。

（2）医療法人が病医院敷地を所有している場合

　医療法人が、持分のある医療法人であるか、持分のない医療法人か、で評価額が違います。

①　出資持分のある医療法人

　持分あり医療法人では、土地の相続税評価額が、出資持分の評価額に反映されます。すなわち、土地の相続税評価額は、出資持分を純資産価額方式で算定するときに反映されます。類似業種比準価額方式による算定では反映されません。したがって、含み益が多額になった土地を医療法人が所有していても、医療法人の規模が大法人

であれば、類似業種比準価額方式で算定できるので、出資持分に反映させないことができます。しかし、規模が小法人や中法人の場合は、出資持分の評価額に影響を与えます。大法人であれば、病院敷地は医療法人で所有するのが有利であることがわかります。

② **持分のない医療法人**

持分のない医療法人が所有している土地は、相続税の対象になりませんので、相続人には何ら相続税が課税されません。したがって、土地や建物等の医療施設は持分のない医療法人で取得していけば相続税から解放されて、医業事業を拡大していくことができます。

病医院の不動産と相続税対策

（1）診療所の敷地が400m²超のとき

特定事業用宅地等として限度面積400m²までは、相続税評価額の80％を減額できます。したがって、病医院の敷地が400m²超であれば、超えた土地を生前に承継者及びその配偶者や孫に贈与しておく対策が必要になります。

> 設例
> 甲院長が所有する診療所の敷地は800m²、その相続税評価額は2億円です。医師の長男が診療所を承継することになっています。長男には配偶者と子どもが2人います。

【解説】

（対策前）

　診療所の土地の相続税評価額：

　　特定事業用宅地等の特例は400m²までの敷地です。

　　（2億円÷800m²）×400m²×80％＝8,000万円

　　2億円－8,000万円＝1.2億円

（対策後）

　特定事業用宅地等の適用ができない残りの土地を長男、配偶者、子2人に8年間かけて贈与することにしました。

医師の長男：15m²
配偶者：15m²
孫2人：20m²（1人当たり10m²）
合計　：50m²

　長男、その嫁、その孫2人に診療所の敷地50m²を一度に贈与すると、贈与税が875千円かかります。そこで、特定事業用宅地等の適用ができない残りの土地を長男、配偶者、子2人に毎年50m²ずつ8年間かけて贈与することにしました。

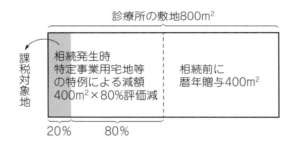

贈与税の計算（平成27年以後）

	贈与面積（m²）	贈与額（万円）	贈与税（円）
医師の長男	15	375	297,500
長男の配偶者	15	375	297,500
孫　2人	10 × 2人	250×2	280,000
合計	50	1,250	875,000

　相続が発生した際、土地400m²については、特定事業用宅地等の特例により減額され、2,000万円（1億－1億×400m²/400m²×80％＝2,000）になります。相続税の実効税率を50％とすると、対策前は、敷地に対する相続税は6,000万円（12,000万円×50％＝6,000万

円）でしたが、8年間の暦年贈与によって、贈与税の累計700万円（87.5万円×8＝700万円）と相続税1,000万円（2,000万円×50％（実効税率）＝1,000万円）の合計額は1,700万円となります。8年間にわたって贈与をすることで、4,300万円（6,000－1,700＝4,300）も節税することができます。

このように、どのようにすれば、無駄な税金を払うことなく、相続財産を円満に相続人に相続できるか、その方法を発見し、その最終目標に一歩一歩到達するよう努力すると、大きな成果が得られます。

（2）病院敷地と相続税対策

病医院の広い敷地は、相続税評価額が高くなりがちなため相続人に対する相続税も多額になります。特定事業用宅地等の特例は、限度面積が400m²に過ぎないため、土地の評価額に対する減額もほとんど効果がありません。

病院敷地の相続税対策として、①課税遺産総額を少なくする対策、②納税資金を確保する対策の両面対策が必要になります。

① **課税遺産総額を少なくする対策**

対策は多岐にわたりますが、主な対策は次のとおりです。

　　イ　病院敷地を相続人に生前贈与する
　　ロ　病院敷地を医療法人に売却する
　　ハ　病院敷地を医療法人に寄付する
　　ニ　病院敷地の借地権を医療法人に贈与する（参照：第11章）
　　ホ　節税効果の高い不動産等を取得する（参照：第6章）
　　ヘ　養子を増やす（参照：第2章）

② 納税資金を確保する対策
　　イ　医療法人における役員退職金原資の蓄積（生命保険の活用）
　　ロ　相続人自身の納税資金の確保

　ここで、問題になるのは、医療法人が「持分あり医療法人」である限り、課税遺産総額を少なくする対策をして今回の相続税が乗り越えられたとしても、医業を継続して、地域医療を支えていくには、また、次の承継者が、相続税で悩まなくてはならなくなるという問題です。

　持分なし医療法人であれば、病院敷地を持分なし医療法人に移すことで、将来にわたって、病院敷地に対する相続税問題から解放されます。したがって、持分なし医療法人への移行は、出資持分の問題だけでなく、病院敷地の問題も絡めて考えなければならない問題であることがわかります。

第8章

第三者への医業承継・廃院

1 個人病医院の第三者承継

注目される第三者承継

　病医院のM&Aは、後継者不在に直面した病医院の承継問題を解決するための選択肢として、近年増加傾向にあります。病医院のM&Aは、個人病医院の場合と医療法人の場合とで、手続きや税務上の取扱いが大きく異なります。また、単純に病医院の経営権を譲り渡せば完結するものではなく、患者様はもちろんのこと現場で働く医師や看護師、その他医療従事者に混乱を与えないよう配慮しなければなりません。M&Aによるハッピーリタイアメントを実現するためには、納得のいく金額で譲り渡せることはもちろんのこと、医療施設が将来にわたって「よいカタチ」で継続していけるようにしなければなりません。そのためには、少し早いと思われる段階から真剣に取り組んでいく必要があります。

　個人病医院のM&Aは、事業譲渡方法で行われる場合がほとんどです。事業譲渡とは、病医院の財産の全部または一部を売却する方法です。売却対象資産を限定できる反面、リース等の個別の契約等をそのまま買主側に引き継ぐことができないため、買主側が改めて再契約することが必要になります。また、買主側は保険医療機関の指定申請を改めて行う必要があるため、廃院と開業にタイムラグが生じないようにしなければなりません。

（1）承継する資産・負債の選択

　個人病医院の承継では、承継対象とする資産と負債を絞り込み、それらを「賃貸形式」にするのか「売買形式」にするのか検討します。特に、土地や建物といった不動産は譲渡金額が多額になるため、承継者の資金力に影響されます。承継者の購入資金が確保できない場合、とりあえず賃貸でスタートし、後日資金手当てができてから売買するという2段構えにすることもあります。医療器械や備品等については、承継者は資産の状況・取得年月日・帳簿価格を参考にしてどれを引き継ぐかを決定します。引き継ぐ医療器械や備品等は、帳簿価格を売買価格とするのが一般的です。また、負債は第三者への承継であることを理由に引き継がないことが多いですが、承継者の資金力が乏しい場合、負債を承継してもらうことで譲渡金額の総額を引き下げる方法もあります。

（2）譲渡価格の決定

　新たに病医院を建築できない地域で病医院経営ができること、医療スタッフが確保できているため運営がスムーズにいくこと、患者さんが定着しているので軌道に乗るまでの不採算期間が少なくすむこと等のメリットが承継する側にはあります。このようなメリットを、いわゆる"のれん（営業権）"として譲渡価格に折り込むことが通例です。譲渡価格は、譲渡対象となる資産の時価から負債の時価を差し引いた時価純資産価格にのれんを加えて決定します。のれんは、同規模・同診察科目の他の病医院と比較して高い収益力を有する場合に、将来の超過収益力（期待利益－正常利益）を評価したものです。したがって、第三者へ承継する場合には、売上が落ち込む前に決断をすることが肝要です。

（3）従業員の退職金

　退職金は、勤務年数と退職時の職位に基づき、退職金規程に従って支給されます。よって、自院の退職金規程に、院長が交代した場合に退職金を支給する旨の規定があれば、承継時において前院長が従業員へ退職金を打ち切り支給することになります。この場合、退職債務は第三者へ引き継がないこととなります。一方、承継時に前院長が従業員に対して退職金を支給しない場合には、承継前の従業員の勤務期間が承継後も通算されることになります。この場合、承継前の期間に対応する退職金相当額は、前院長先生から引き継いだ潜在債務として譲渡価格に反映されるようにします。

　なお、個人病医院の場合には院長先生や配偶者に退職金を必要経費として支払うことができませんので注意が必要です。

（4）行政手続き等

　個人病医院を第三者に承継する場合、開設者及び管理者を自動的に引き継ぐことはできません。承継者は、新たに開設届を提出し、保険医療機関の指定を取得することになります。開院の手続きを首尾よく行わないと、診療に空白期間が生じてしまいます。したがって、地域医療に支障を与えないよう十分な準備が必要とされます。なお、保険医療機関指定申請書とあわせて遡及願を提出し、認められれば、開設日に遡って保険診療を行うことが可能となります。ただし、親族外継承の場合には診療の引継期間を求められる場合がありますので注意してください。

　また、国や地方公共団体等から施設の補助金を受けている病院等は、補助金の返還義務が解除されていなければ、廃院に伴い、補助金を返済しなければなりません。なお、承継前に生じた医療訴訟や

税務調査による追徴などは、第三者に引き継がれることはありませんが、その旨を確認しておくことも大切です。

(5) 課税上の取扱い

個人病医院を売却する場合、譲渡益に対して所得税等が課税されます。譲渡する資産の種類によって、所得税の計算は異なります。

① **不動産（病医院の建物・敷地等）を売却した場合**

病医院の土地建物を売却すると、確定申告時に譲渡所得（譲渡益）に対して譲渡所得税が課税されます（分離課税の譲渡所得）。所得税等の税率は、土地建物の所有期間が5年を超える場合には20.315％、5年以下の場合には39.63％となります。

また、建物の売却収入は消費税法上の課税売上となりますので、消費税の課税事業者である場合には、消費税を納める必要があります。なお、土地の売却収入は非課税売上となり、消費税はかかりません。

譲渡所得の算出方法

譲渡所得＝譲渡価格－（取得費＋譲渡費用）

税額＝譲渡所得×税率

譲渡所得の税率表

	所有期間	税率
短期譲渡所得	譲渡した年の1月1日現在の所有期間が5年以下の不動産	39.63％（所得税：30％、復興特別所得税：0.63％、住民税：9％）
長期譲渡所得	譲渡した年の1月1日現在の所有期間が5年を超える不動産	20.315％（所得税：15％、復興特別所得税：0.315％、住民税：5％）

② **医療機器等や営業権を売却した場合**

医療器械等を売却したことにより譲渡所得（譲渡益）が発生した場合、他の所得（事業所得や給与所得等）と合算した金額に、所得税等が課税されます（総合課税の譲渡所得）。所得税等の税率は合計所得金額によって異なり、最低で15.105％、最高で55.945％（平成27年以降）となります。総合課税の譲渡所得の金額は、下記計算式によります。

営業権の売却は、税法は医師の超過収益力はその医師の属人性に含まれるとされるため、雑所得として課税されます。

なお、医療器械等や営業権の売却収入は消費税法上の課税売上となりますので、消費税の課税事業者である場合には、消費税を納める必要があります。

総合課税の譲渡所得計算

取得期間		税率
短期譲渡所得	所有期間が5年以内の譲渡	譲渡価格－（取得費＋譲渡費用）－特別控除額
長期譲渡所得	所有期間が5年超の譲渡	（譲渡価格－（取得費＋譲渡費用）－特別控除額）$\times \dfrac{1}{2}$

※ 特別控除額50万円は、短期譲渡所得から優先して控除し、余りがある場合には長期譲渡所得から控除することができます。

③ **棚卸資産（医薬品等）を売却した場合**

医薬品等の棚卸資産は、営利を目的として継続的に行われる資産の譲渡として捉えるため、譲渡所得ではなく事業所得として課税されます。

(6) 事例で学ぶ第三者への承継

> **事例** 個人医院を第三者へ承継する場合
>
> 　個人医院を第三者に承継するにあたり、双方の間で、診療所不動産1億8,000万円、医療器械、什器備品、ソフトウェア等2,000万円、そして、のれん代は1,000万円ということで、総額2億1,000万円で合意ができました。
>
> 　なお、診療所不動産の取得費は、8,000万円、医療器械、什器備品、ソフトウェア等の簿価は2,000万円です。第三者への承継で、譲渡人側に、次のような税金が発生します。
>
> 〈譲渡所得等の計算〉
>
> 　診療所の不動産譲渡所得：1億円
>
> 　　　　　　　　　　　　（分離課税の税率　20.315％）
>
> 　医療器械等の譲渡所得：ゼロ円（総合所得に加算）
>
> 　のれん代の雑所得：1,000万円（総合所得に加算）
>
> 〈税金の計算〉
>
> 　診療所の不動産：1億円×20.315％＝2,031.5万円
>
> 　医療器械等：ゼロ
>
> 　のれん代：1,000万円×50％（実効税率）＝500万円
>
> 　よって、手取り額、1億8,468.5万円となります。

② 医療法人の第三者への承継

（1） 承継する財産・債務の決定

　医療法人を第三者に譲渡する場合、原則として医療法人が所有している財産・債務はすべて第三者に承継されます。第三者に譲り渡したくない資産（医療法人が所有する骨董品等）がある場合には、医療法人を承継する前に院長先生個人が当該資産を買い取ります。また、院長先生個人が医療法人に貸し付けている土地や建物などの財産がある場合には、承継前に医療法人に譲渡するか、承継後に承継者に譲渡するか、又は引き続き院長先生が医療法人に賃貸するかを決めなくてはなりません。

（2） 譲渡価格の決定

　譲渡価格は、引き継ぐ医療法人が所有する財産（時価ベース）から債務（時価ベース）を差し引いた額（時価純資産）にのれんを加味した金額、及び、その法人の法人格に対する経済的評価（特定医療法人等への評価額）を斟酌して決まります。

　しかし、医療法人がもつ財産価値を譲渡人自身が直接所有しているわけではありません。そのため、実務的には、譲渡人は、最終的にいくらの金額が手元に残れば満足でき、一方、譲受人は、いくらの負担であれば承諾できるかという視点で交渉が行われ、双方の合意が得られれば、第三者への承継が実現します。

（3）従業員の退職金

　医療法人自体が承継されますので、当然、職員の雇用関係もそのまま承継されます。退職金規程がある医療法人では、承継時点で職員に支払うべき退職金（要支給額）を計算し、その債務金額を考慮して、譲渡価格が決定されます。例えば、要支給額が5,000万円で、退職給与引当金が3,000万円しか財産目録に計上されていなければ、潜在的に2,000万円の債務が未計上になっていることになります。したがって、資産の時価が1億5,000万円、債務が5,000万円であるといっても、医療法人の財産価値は1億円ではなく、8,000万円で評価されることになります。

（4）行政手続き等

　医療法人の場合には、廃院届・開院届の提出は不要です。理事長・役員・管理者等を交代することで、診療はシームレスに継承されます。保険医療機関番号も変わりません。

　承継前に生じた訴訟や追徴は、譲受人に自動的に引き継がれることになります。そのため、承継日以前にその原因がある訴訟事件や承継前の事業年度に生じた税務上の追徴等は、譲渡側がすべて負担し、譲受側は一切負担しないことを明記した契約書を締結しなければなりません。

　また、医療法人が国や地方公共団体から施設の補助金を受けていれば、補助金の返還義務の債務は、譲受人に解除期限まで潜在的に引き継がれることになります。例えば、承継後、解除期限前に廃院をする場合には、譲受人に補助金を返還する義務が生じます。そのため、承継時点での返還義務額を開示し、その債務を考慮して医療法人の売買価格を決めないと後日、大きなトラブルを生じることに

なります。

（5）課税上の取扱い

　医療法人を譲渡する場合、譲渡人は医療法人の経済的価値をどのようにして、自己に回収するかという問題が生じます。その場合、持分あり医療法人と持分なし医療法人では、売買取引の手続きが大きく異なります。

① **持分あり医療法人の譲渡**

　　持分あり医療法人では、譲受人は、譲渡人から出資持分を取得することになります。出資持分は税法上、有価証券に該当し、医療法人の財産価値は出資持分に反映します。医療法人の財産価値が高いと出資持分の価額も高くなります。しかし、譲受人が出資持分の買取資金を借入金で調達し、出資持分を所有していても、医療法人からの配当金等の対価がないため、借入金の利息は税務上必要経費にはなりません。また、借入金の返済の原資も医療法人から入金されないため、承継人には、借入金の返済が重荷になります。そこで、一般的には、次の方法をミックスした方法をとることで、譲渡側は医療法人のもつ経済的価値を回収することになります。

医療法人の売却による承継方法
イ　譲渡側に役員退職金等を支給する
ロ　譲渡人に出資持分の払戻しをする
ハ　譲渡人に出資持分の譲渡対価を支払う

　イ）　現役員へ役員退職金を支給する
　　　譲渡人の役員に対して退職金を支給します。退職金は退職

所得として分離課税されます。ただし、過大退職金とみなされると過大分は税務否認されるので留意しなければなりません。

ロ）　出資持分に対する払戻しをする

役員に退職金を支給すると、財務内容がその分悪化するので、医療法人の財産価値を反映する出資持分の財産価値も低くなります。そこで、出資者のうち出資持分の払戻しを希望する出資者は、医療法人に払戻しを請求します。払戻人には、払戻金と出資金の差額に対して配当金所得が課税されます。

ハ）　出資持分を譲受側に譲渡する

出資金の払戻しをせず、譲受人に出資持分を譲渡し、その対価を受領します。譲渡人に発生する出資金の譲渡所得には20.315％の税金が課税されます。

主な3つの方法をどのように組み合わせると、どのような税金が課税され、その結果、手取額がいくらになるかをシミュレーションすることが大切です。

② **持分なしの医療法人の承継**

出資持分がないので、通常は、役員退職金だけで、医療法人の財産価値を回収します。

（6）事例で学ぶ第三者への承継

① 持分ありの医療法人の譲渡

> **事例**
> 　財産価値が2億円ある医療法人を第三者に譲渡するにあたり、営業権を含め2億2,000万円で譲渡することを合意しました。出資金は2,000万円で理事長はそのうち1,000万円（持分の50％）を所有しています。第三者へどのような方法で譲渡すれば手取額が最大になるでしょうか？

　イ　役員へ退職金を支給する
　　承継対価として、医療法人が銀行から1.9億円を新規に借入れします。それを原資に、医療法人から現役員への総額1.8億円の役員退職金を支給します。退職する役員が負担する税金は総額4,000万円になるので、手取額は1億4,000万円になります。
　ロ　出資持分の払戻し
　　理事長以外の出資者が退社にあたり、所有する出資金の額面合計1,000万円の払戻しを請求して、当初の出資金と同額の1,000万円の払戻しを受けます。したがって、みなし配当所得は発生しないので、手取額は1,000万円になります。
　ハ　出資持分の譲渡
　　現理事長は所有する出資金持分額面1,000万円を、医療法人を承継する新理事長に3,000万円で売却します。譲渡にかかる税金は、約406万円で、手取りは約2,594万円になります

持分あり医療法人の第三者承継

（単位：万円）

譲渡人側の資金回収		譲受人の負担	
役員退職金	18,000	新規借入金（医療法人）	19,000
出資持分の払戻し	1,000	出資持分の買取り（個人）	3,000
出資持分の譲渡	3,000		
総計	22,000	総計	22,000
手取額	17,594		

　上記の方法以外にも、譲受側が新規に2.2億円の借入金をし、それを原資に退職金を2億円（退職金の税金4,500万円）支給し、その後2,000万円の出資金の払戻しをする方法もあります。そして、譲受人が出資金1,000万円を出資すると出資金1,000万円の医療法人となります。

持分あり医療法人の第三者承継

（単位：万円）

譲渡人側の資金回収		譲受人の負担	
役員退職金	20,000	新規借入金（医療法人）	22,000
出資持分の払戻し	2,000		
総計	22,000	総計	22,000
手取額	17,500	新たに出資金（個人）	1,000

（出資金の1,000万円は法人の新たな預金となります）

② 持分なし医療法人の譲渡

> **事例** 上記と同じ財産内容であるとする
>
> 　財産価値が2.2億円のある持分なし医療法人を第三者に承継する場合は、通常、譲受側が引き継ぐ医療法人を通じて新たに2.2億円借入れをし、譲渡側の役員に総額2.2億円の役員退職金を支給します。役員退職金に対する税金は、5,000万円になるので、手取額は1億7,000万円になります。ただし、後日税務調査で、過大役員退職金とみなされ否認されると、追徴税金は承継人が引き継いだ医療法人が負担することになるので、将来、起こりうるリスクに対する措置について事前に合意をとり交わしておくことも必要とされます。

3 医療法人の合併

　医療法人の組織再編行為として医療法で定められているのが合併です。合併により複数の医療法人が1つの医療法人になります。

（1）合併の目的

　医療法人が他の医療法人を合併すると、次のようなメリットがあります。
　① 資金移動が容易にできる
　② 資金調達が容易にできる
　③ 人材移動が容易にできる
　④ 適格合併であれば消滅する医療法人の繰越欠損金を引き継げる

（2）医療法人の合併が可能なケース

　医療法で、合併できる医療法人とできない医療法人が定められています。社団医療法人は社団医療法人と、財団医療法人は財団医療法人と合併できます。社団医療法人と財団医療法人は合併することはできますが、合併後は、持分なし社団医療法人、又は、財団医療法人になります。持分あり医療法人は、合併して持分なし医療法人に移行することはできますが、持分なし医療法人が合併して持分あり医療法人には移行することはできません。なお、合併には、都道府県知事の認可が必要になります。

　合併には吸収合併（譲渡側の医療法人が消滅して、譲受側の医療

法人が存続する合併）と新設合併（合併に伴い新たに医療法人を設立する合併）がありますが、以下、吸収合併を前提に説明します。

合併の種類

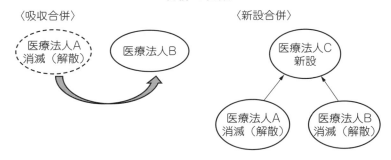

（3）　医療法人のM&Aにおける財産の回収

被合併医療法人の財産価値を譲渡側が回収する方法として、2つの方法があります。
① 譲渡側が役員を退職し、役員退職金等を受領する
② 出資持分を譲渡し、その対価を受領した後に合併する

（4）医療法人の合併に伴う税務

① 移転資産の譲渡損益

医療法人の合併が行われる場合、原則として被合併法人から合併法人へ資産・負債等を時価で譲渡されたものとして取り扱われます。この際、含み益のある資産を移転した場合には、消滅する法人の最後の事業年度の益金となり、含み損がある場合には消滅する法人の損金となります。

ただし、一定の要件を満たした場合には、被合併法人の資産・負債は帳簿価格によって引き継がれ、譲渡損益は発生しません。これを、適格合併といいます。

② 繰越欠損金の引継要件

　被合併医療法人に税務上の繰越欠損金がある場合、一定の要件を満たした場合には合併医療法人で繰越欠損金を引き継ぐことができます。例えば、被合併医療法人の繰越欠損金が1億円で合併医療法人の課税所得が1億円であれば、その年の課税所得は繰越欠損金と相殺されゼロとなり、課税されません。

　医療法人の第三者承継における繰越欠損金の引継要件は、持分あり医療法人と持分なし医療法人とで異なります。

イ）持分あり医療法人の合併

　　適格合併であると、被合併医療法人に税務上の繰越欠損金があれば、合併法人に繰越欠損金を引き継ぐことができます。

　　なお、適格合併の要件には、次の3つの要件が必要になります。

　① 合併に際して、出資持分以外の財産（現金等）の交付がないこと
　② 合併法人の持分関係者が被合併医療法人の持分100％を所有すること（合併前に、被合併医療法人の出資者から承継者が持分を買い取ることで実現できます）
　③ 5年超の支配関係があること

ロ）持分なし医療法人の合併

　　持分なし医療法人は出資持分がないので、また、共同事業を営むための合併でもないので、通常、合併をすると非適格合併となります。したがって、吸収される医療法人に含み益がある資産があると、合併によって含み益が税務上益金となるため課税されることになります。含み益があれば、合併で

はなく、実質的に第三者が支配できる形態で承継されることになります。

繰越欠損金の引継制限の判定フローチャート

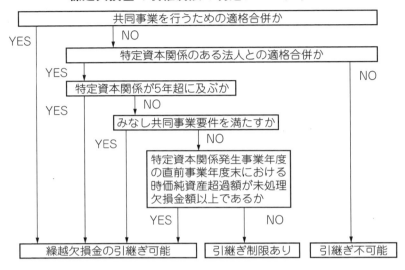

廃院手続きの概要

承継者を見いだすことができなければ、廃院することになります。

廃院するにあたり、病医院の財産を回収する必要があります。病医院の形態によって、回収方法が大きく異なります。

(1) 個人病医院の廃院

個人病医院を廃止する場合、所轄の保健所に廃止届を提出し、職員に対する退職金規程があれば、規程に従って退職金を支給し、仕入れ業者等への債務を支払い、また、補助金について返還義務があれば返還します。残った財産は、個人の財産になります。廃院後の生活資金に支障を生じないうちに、廃院の意思決定をすることがポイントになります。

廃院に伴う主な手続きは次のとおりです。

個人病医院の廃院手続き

提出先	提出書類名	提出期限
保健所	診療所廃止届 エックス線装置廃止届	10日以内
厚生局	保険医療機関廃止届	遅滞なく
都道府県	麻薬施用者業務廃止届	15日以内
福祉事務所	生活保護法指定医療機関廃止届	10日以内
医師会	退会届	遅滞なく
税務署	個人事業廃止届	遅滞なく

提出先	提出書類名	提出期限
県税事務所	個人事業廃止届	遅滞なく
医師国民健康保険組合	資格喪失届	遅滞なく
年金事務所	適用事業所全喪届 被保険者資格喪失届	5日以内
労働基準監督署	確定保険料申告書	50日以内
公共職業安定所	雇用保険適用事業所廃止届 雇用保険被保険者資格喪失届 雇用保険被保険者離職票	10日以内 10日以内 遅滞なく

(2) 医療法人の廃院

　理事長先生に相続が発生した際や管理者を辞任した場合、承継する医師が見いだせなければ、医療法人は、解散しなければなりません。解散の手続きは、その事由によって異なります。医療法人の医師である理事長が死亡し、他の社員や理事に医師がいなければ、社員の欠員に該当するので、解散届を知事に提出することになります。また、社員や理事に医師がいても承継するものがいなければ、社員総会で、目的たる業務の遂行が不能である事由により解散を決議し、解散認可申請を知事に提出することになります。

① 持分あり医療法人の場合

　医療法人が含み益をもつ土地や有価証券を所有している場合、土地や有価証券を売却すると、売却益が生じるため、法人税等の税金が課税されます。所有する資産をすべて換金化し、未払金や借入金等の負債を清算し、最終的に残った財産が残余財産ということになります。残余財産が確定すると出資持分の割合に応じて各出資者に配分されることになります。分配された残余財産が出資した金額より多い場合は「みなし配当」に該当し、配当所得が

出資者に課税されます。

　もし、理事長が死亡され解散に至ると、相続人には、死亡時における理事長先生が所有する出資持分に対し相続税が、さらに、解散による残余財産の分配に対して配当所得が二重に課税されることになります。したがって、残余財産を出来るだけ少なくして、出資持分に対する相続税や残余財産の分配に対する税金を少なくする対策が必要になります。つまり、解散を選択する場合には、早い段階から役員給与額等を調整し、最終的に役員退職金の支給をもって、出資金の金額だけ医療法人に残るようにし、配当所得の発生もなく出資者に出資金の払戻しができるといった対策が必要になります。

② **持分なし医療法人の場合**

　理事長先生が死亡されても医療法人が所有する財産に対して、相続人には相続税が課税されることはありません。また、残余財産があれば、国等に帰属することになるので、相続人には残余財産の分配はありません。したがって、持分なしの医療法人を解散する場合は、基金拠出型であれば、まず、拠出金を返還してもらい、持分あり医療法人の解散と同様の対策を取って、最終的に残余財産がゼロになるようにすることが必要とされます。

第 9 章

個人財産と相続税対策

1 自宅の相続税対策

個人財産の相続税対策

　院長先生個人の相続を考えた場合、医療関連以外の財産の相続も併せて考えなければなりません。相続財産全体で問題を解決しなければ、医業承継の基盤となる医療関連の資産の承継にも支障をきたしてしまうからです。特に、自宅や換金性が乏しい土地などは、しっかりした対策をしていないと、分割問題や納税資金で大きな問題を抱えることになります。

（1）　特定居住用宅地等の特例とは？

　自宅（居住用宅地）の所有者が亡くなった際、自宅に相続税をフル課税すると、相続人は、納税資金を支払うために自宅を売却しなければならなくなります。そこで、税法では、相続人が相続後も引き続き居住用に使用し、下記の要件を満たしていれば、その宅地等の評価額の一定割合を減額して、居住を継続できるよう特定居住用宅地等の特例を設けています。

> **特定居住用宅地等の特例の適用要件**
>
> （イ）　以下のいずれかを満たす場合に適用されます
>   ・配偶者が取得した場合
>   ・同居親族が取得し、申告期限前まで引き続き居住を継続し、かつ宅地等を有している場合
>   ・配偶者、同居親族がいない場合、相続開始前3年間、借家住まいしていた親族が取得した場合
>
> （ロ）　減額の内容
>   居住用宅地等の限度面積330m^2（平成26年まで240m^2）まで、宅地の評価額を80％減額できます。
>
> （参照：第2章）

なお、平成27年以後、二世帯住宅は同居の条件が緩和され、別階段でも同居と認められ、また、親が老人ホームに入居していても自宅を貸し付けていなければ居住用の要件を満たしていると取り扱われます。

（2）特定居住用宅地等の特例を上手に活用する

① 配偶者に2,000万円までの居住用財産を贈与する

婚姻期間が20年以上である配偶者に居住用不動産を贈与しても2,000万円までは贈与税が課税されません。相続発生直前3年以内にこの制度を利用して贈与しても、いわゆる3年以内の贈与財産の対象にはなりません。したがって、生前対策として、必ず実行しておきたい対策です。

② 二次相続を考え、同居している子どもから相続させる

配偶者が配偶者控除の特典を適用すれば、多くの場合、相続税の負担はありません。そこで、自宅は特例の限度面積まで配

偶者ではなく、同居している子どもが相続して、居住用宅地等の特例を適用します。そして、配偶者が死亡したときの二次相続では、配偶者が所有する自宅部分を、再び同居している子が相続し、特定居住用宅地等の減額特例を受けると、上手な節税ができます。

特例を活用した二次相続対策

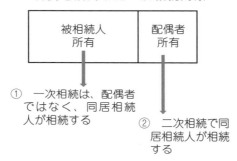

③ 相続人に暦年贈与をする

特定居住用宅地の減額特例の適用限度面積は330m²を超えた部分に対しては、通常の相続税が課税されます。したがって、自宅の面積が330m²を超える部分は相続人等に生前贈与する対策が必要になります。暦年贈与の非課税枠（年間110万円まで）を活用することで、贈与税・相続税の節税ができます。

❷ 不動産資産の相続税対策

（1） 土地に対する発想を転換する

　多くの院長先生が、病医院や自宅以外の土地を所有しています。なかには先祖代々からの広大な土地を所有している院長先生もおられます。しかし、土地に対して多額の相続税が課されると、相続人は、納税資金で大きな負担になります。土地神話が崩壊し、収益性の低い土地は今まで以上に価額が下がることが予想されます。

　そのため、資産を守るためには、土地に対する発想を転換することが大切です。院長先生にとっても、残しておきたいという強い想いのある土地もあると思いますが、所有されている土地に相続を乗り切るだけの経済価値がどれぐらいあるか理解しておくことが大切です。

土地に対する発想の転換

① 土地を守るのではなく、財産を守る
　収益性の乏しい土地はできるだけ早く売却し、より収益性の高い土地に組み換えることで資産を守ることができます。
② 「たくさんの土地をもっている」ことより、「所有している土地がどれだけ稼いでいるか」を重視する
　年間収入10万円の土地1,000坪より、年間収入1,000万円の土地100坪の方が、資産価値があると考えます。

（2）所有している不動産の状況を把握する

　相続税は、保有されている土地に課税されるため、土地にはそれに見合った価値がなければなりません。土地を下記の4つの視点から総合的に評価し、土地に問題点があれば、早期に解決することが大切です。

① **納税力があるか**
　物納より高い価格で売却できるか、又は、延納できる高い収益性があるか判断します。

② **収益性が高いか**
　土地の相続税評価額に対する年間利益金額の比率（ROA）を算出し、収益性を判断します。

③ **節税力があるか**
　その土地の相続税評価額が時価より著しく低ければ保有する意義があります。

④ **将来性があるか**
　路線価が上昇基調で将来性が高ければ保有する価値が高いといえます。

　相続を乗り切るためには、生前から個々の土地ごとに分析し、適切な対策をとることが大切です。

③ 組み換えで資産価値をアップする

　地価が下落する時代になり、土地の立地条件や土地の形状が悪いため、収益性の乏しい土地の価格は、大きく下がっていくことが予想されます。そのため、所有する土地をしっかり管理し、収益性の低い土地を売却し、より収益性の高い土地に組み換えることが今まで以上に大切になります。所有期間が10年以上である等一定要件を満たした土地を売却した場合、「事業用資産の買換特例」という税法の規定を利用し、売却益の80％に対する税金の支払いを将来に繰り延べ、手元資金の減少を抑えることができます。また、同一種類の資産と交換し、一定の要件を満たせば「交換特例」の規定を利用することもできます。交換の特例は、買換の特例とは異なり、売却益の100％を将来に繰り延べることができ、交換時に税金はかかりません。

　収益性を高め、相続税評価額を低くし、しかも換金性を高くする土地の組み換えとして、次のような方法があります。

① **郊外の駐車場を売却し、都心の賃貸不動産を購入する**

　　収益の低い郊外の駐車場は売却し、都心の収益性の高い不動産を購入します。価値のある都心の不動産は、時価と比べ、相対的に相続税評価額が低くなっています。

② **売却益と売却損の相殺**

　　収益の低い賃貸アパートと不要なリゾートマンションを同時売却します。

　　バブル時に購入した不要なリゾートマンションは、含み損を

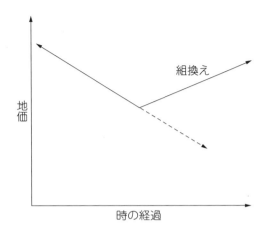

	組換え前	組換え後
収益力	低い	高い
相続税評価	高い	低い
換金性	低い	高い

多額に抱えています。一方、古くなった賃貸アパートは収益が低いものの、含み益を抱えています。こうした不動産は、同じ年に同時売却して譲渡益と譲渡損を相殺して税金を節税して現金化します。

③ 底地を整理し優良土地に転換する

先祖代々から貸地、すなわち底地は、収益性が低いにも関わらず、相続税評価額は高く算出されます。こうした底地は、次のような方法で、収益性と換金性を高くします。

底地を整理する4つの方法

① 底地売却法……借地人に底地を売却する
② 借地権買い取り法……借地人から借地権を買い取る
③ 敷地引き分け法……底地と借地権を等価交換して、その敷地を一定割合で引き分ける
④ 共同売却法……借地人と共同して、借地権、底地権を第三者へ売却する

3. 組み換えで資産価値をアップする

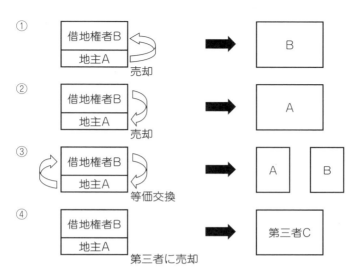

高収益物件は生前贈与する

後継者以外の相続人に、生前に高い利回りのアパート・マンションを贈与することで、節税対策と円満分割対策の2つを同時に実現できます。

> **設例**
>
> 　堀院長は、時価1億円の賃貸アパート（年間収益960万円）の建物を次男に生前贈与し、アパートの敷地は相続のときに次男が相続することを遺言書で約束して、医師の長男が病院の施設を相続することを承諾してもらいました。
>
>
>
> アパート建物の固定資産税評価額6,000万円
> 相続税評価額　6,000万円×(1−30%)＝4,200万円
> 相続時精算課税　(4,200−2,500)×20％＝340万円
> ・相続の発生が、10年後にあった場合
> 　9,260万円（960×10−340＝9,260）を次男の収入として移すことができます

このように、高収益物件を子に贈与することで、院長先生の相続財産を減らすだけでなく、家賃収入による将来の相続財産の増大も抑制できます。

なお、相続が発生すると、アパートの敷地の相続税評価額は使用貸借であるので更地価格で評価されますが、次男が別会社を作り、贈与前にこの会社に一括貸しをすれば、生前贈与時点から相続発生時までの賃借人に移動がないため、使用貸借であっても、敷地の相続税評価額が貸家建付地として評価されるため相続税を大幅に節税できます。

なお、賃貸アパートの贈与をする場合は、次の点に留意してください。

① **中古アパート・マンションはリフォームしてから贈与する**

　修繕すべき箇所があればリフォームしてから子に贈与します。贈与によって取得した資産の取得価格・取得日は、前所有者の取得価格・取得日のいずれも引き継ぐため、受贈者はリフォーム分にかかる減価償却費を計上することができるため、税負担が軽くなります。

② **借入金は返済してから贈与する**

　借入金とセットで贈与すると、税法では「負担付き贈与」とみなされ、時価で贈与が行われたと扱われます。

　例えば、院長先生が取得価額5,000万円・時価1億円・相続税評価額6,000万円の土地を次男に贈与させる代わりに借入金4,000万円を負担させた場合の課税関係は次のとおりです。

＜院長先生＞

譲渡収入：4,000万円（借入金の額）

譲渡原価：5,000万円

譲渡所得：△1,000万円（＝4,000－5,000）→なし※

※　次男の負担額である借入金の額（4,000万円）が時価の2分の1（10,000×1/2＝5,000万円）未満である場合、譲渡損失はなかったものとみなされます。

＜次男＞

　贈与税の課税価格：6,000万円（＝10,000－4,000）

　相続税評価額6,000万円ではなく、時価1億円での贈与となり、ここから負担する借入金額を差し引いた額に対して贈与税が課税されます。

　敷金等を賃借人から預かっている場合も負担付き贈与とみなされるため、敷金等は一旦精算し、改めて賃借人から預かるようにします。

③ **土地の贈与は原則しない**

　土地を贈与すると多額の贈与税が課税されます。土地の相続税評価額が贈与時点より相続時のほうが安くなっていることもありますので、建物だけを贈与します。

⑤ キャッシュリッチ向けの相続税対策

　財産は、預金、有価証券、不動産などに分散しています。そのポートフォリオは人によって違います。分割できる財産もあり、納税資金も十分あるにも関わらず、相続財産の多くを現預金で残すということは、節税の面からはあまり得策とはいえません。なぜなら、金融資産1億円（時価）は、相続税評価額1億円とされるため、不動産や生命保険のように、時価より低く評価されることはないからです。したがって、不動産の資産を増やすなど資産のポートフォリオを見直し、「分割」「納税」「節税」の3つのバランスがとれた相続対策を実現することが大切です。

　キャッシュリッチ向けの主な相続対策は次のとおりです。

（1）投資用不動産の購入

　都心の高級マンションを取得し、賃貸に供します。例えば、1億円のマンション（土地相続税評価額2,000万円、建物相続税評価額3,500万円）を購入すると、相続税評価額は5,500万円になり、相続財産を4,500万円削減できます。さらに、小規模宅地等の減額特例を適用すれば、土地200m²までは、相続税評価額を50％減額できるので、相続税評価額は4,500万円になり、現預金で保有するより相続税評価額が5,500万円も節税できます。

　都心の高級マンションなので、相続税評価額は低くなっても、時価は1億円と評価され、転売して1億円近くを回収することはそれほど難しくありません。

なお、平成30年度税制改正で、相続開始前3年以内に貸付事業の用に供された宅地等には50％減額の特例が適用できなくなりましたが、相続開始前3年超にわたり事業的規模で貸付事業をしていれば、相続開始前3年以内に新たに貸付事業をした宅地等についても減額の特例が適用できます。したがって、投資用不動産の購入による節税対策は、中長期の視点で、相続税対策をすることが必要になります。

（2）生命保険の活用

　1億円を一括で支払い、保険金が1億円の生命保険に加入すると、生命保険の相続税評価額は、1億円ではなく、解約した場合の解約返戻相当額とされます。10年後に100％返戻される生命保険で、現在の解約返戻金が7,000万円とする生命保険であれば、相続税評価額を3,000万円削減することができます。生命保険にはいろいろな種類があるので、相続のタイミングなどを考慮して、節税効果の高い保険に加入すると、上手な節税ができます。

（3）出資持分を買い取る

　持分なし医療法人への移行を実行する場合、移行前に出資持分の一部を所有する相続人から、院長先生が買い取れば、相続人は有価証券に対する譲渡税（分離課税税率20.315％）を支払うことで、院長先生の現預金を生前に相続人に移転することができます。
　持分なし医療法人へ移行を検討している方には裏技となります。

（4）教育資金の一括贈与

　祖父母等から子・孫に教育資金を一括して贈与する場合、子・孫ごとに1,500万円までは、贈与税が非課税（学校等以外に支払われる金額は500万円が限度）となります。平成25年4月1日から平成

5. キャッシュリッチ向けの相続税対策

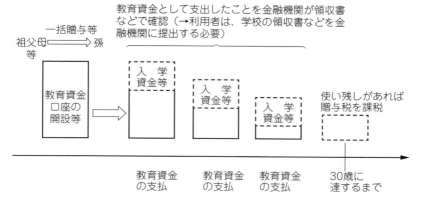

（出典）文部科学省ホームページ

31年3月31日までの期間が対象となります。具体的には、祖父母等から子・孫に贈与された教育資金を、金融機関等が受贈者である子・孫名義の口座等に預け入れ、金融機関等が教育資金の払出しの都度、領収書等をチェック、保存することによって管理します。この教育資金の口座は、子・孫が30歳に達する日に終了し、使い残しがある場合は、その金額をその終了した年に贈与があったとみなし、贈与税が子・孫に課税されることになります。

本来、扶養義務者である祖父母等が、子・孫の教育費を負担しても、贈与税は課税されません。例えば、医学部等の入学金、授業料のように高額なものであっても、孫の親つまり自分の子の財務状況がよく、孫の教育費を支払う余裕がある場合であっても、教育費として通常必要と認められるものについては、贈与税は課税されません。ただし、先々の授業料を贈与すれば、贈与税が課税されます。その点、教育資金の一括贈与制度を利用すれば、先々の教育費を1回でまとめて1,500万円（3人いれば4,500万円）まで非課税で贈与することができるので、相続財産を一気に減らすことができます。

第10章

相続発生後の相続税対策

１ 法人葬儀で納税資金を蓄える

相続発生後でもできる相続税対策

　理想の相続対策は、相続が発生する前に、３本柱である①円満相続、②納税資金の確保、③相続税の節税、を実現できるようにすることです。しかし、相続発生後でも、次のような対策がありますので、相続人間でしっかり話し合い、自院にあった相続税対策を取るようにしてください。

　一般的に、葬儀費用は遺族である相続人が負担しますが、医療法人の役員が死亡された場合、法人葬を行えば、かかった経費は医療法人の福利厚生費として損金にできます。相続人は葬儀費用にかかる資金を納税資金等に回すことができます。
　法人葬の範囲は、次のとおりです。

① **法人葬の範囲**
　広告費用（お知らせ、郵送等の費用）、葬儀社の費用、葬儀の読経料、参列者の飲食費や送迎費用など。なお、密葬費用や戒名代は、性質上、遺族が負担すべきもので、法人の損金にはなりません。僧侶への読経料、お布施、葬儀委員への心付け等、領収書がなかなかもらえないものはメモ書きにして証拠書類を残すようにします。

② **税務処理**
　法人葬の場合、受け取った香典は、法人が受け取ると雑収入にな

り、法人に税金がかかります。遺族が受け取れば、お悔やみであるので遺族には税金（所得税・相続税）が課税されません。なお、香典返しは、香典をもらった人が負担すべきものであり、遺族が受け取った場合法人で負担することはできません。

　最近の傾向として、親族のみで密葬を行い、関係者に対しては、「しのぶ会」をホテルなどで催すことが多くなりましたが、「しのぶ会」を法人主催で行えば、かかった費用は法人の損金にすることができます。

2 遺産分割による相続税対策

　生前から相続対策をしっかりやっていると、相続発生直後に、遺産のほとんどを網羅した遺産リストを作成することができます。遺言書があれば、遺産リストと照合し、遺言書に記載されている財産と記載されていない財産を区分します。遺言書に記載されている財産は、原則としてその受遺者（遺言書に遺産を取得すると書かれている者）に相続されます。遺言書がない場合、又は、遺言書に記載されていない遺産については、相続人の間で分割協議することになります。遺産分割は、次の３つの視点に留意して行います。

（１）今回の相続税額を考えて分割する

　今回の相続税額をできるだけ少なくしながら、円満相続ができるように分割します。具体的には、次のとおりです。

① **配偶者控除をフル活用する**

　　配偶者が相続した財産は、配偶者の法定相続分と１億６千万円のいずれか大きい金額内であれば、相続税はかかりません。それゆえ、配偶者控除の枠をフル活用した分割方法を考えます。なお、配偶者が相続したい財産の相続税評価額が時価より低い場合、いったん他の相続人が相続し、その後に配偶者が買い取るようにすると、有利な分割になることがあります。

② **小規模宅地等の特例をフルに活用する**

　（イ）居住用宅地等の特例がフルに活用できるように分割する

　　　　特定居住用宅地等の特例（適用限度面積330m^2、減額割

合80％）が適用できる相続人（配偶者や生計を一にする親族等）に分割し、適用限度面積を最大限利用できるように分割します。適用要件に縛りがありますので、しっかり理解した上で、当該相続人に分割するようにします。

(ロ) 事業用宅地等の特例がフルに活用できるように分割する

事業用宅地等の特例（適用限度面積400m^2、減額割合80％）が適用できる土地は、医師である後継者に分割します。利用状況によって、減額の金額が大きく異なりますので、事業用宅地等については、相続発生後に、初めて考えるのではなく、生前から対策を考えておかねばなりません。

(ハ) 貸付地等の特例がフルに活用できるように分割する

平成27年より、自宅と事業用地それぞれに小規模宅地等の特例を適用することができるようになりました。しかし、貸付地等に対しては、重複が認められていないため、貸付地に対して特例を適用した場合、居住用や事業用の適用限度面積に影響が及びます。複数の土地等がある場合、どのように適用すれば一番有利になるか検討しなければなりません。

設例

田中院長は、平成27年に大先生より次の土地を相続しました。

A：居住用宅地　330m^2　相続税評価額　10万円/m^2
B：事業用宅地　400m^2　相続税評価額　15万円/m^2
C：貸付地　　　 30m^2　相続税評価額　200万円/m^2

解答

どの土地にどの特例を適用するのがよいかシミュレーションをします。

AとBに特例を適用する場合

減額の金額

　　A：330×10×80％＝2,640万円

　　B：400×15×80％＝4,800万円

　　　減額合計　　7,440万円

貸付地Cと単価の高いBに特例を適用する場合

事業用宅地Bの制限面積：

　　30m²＋B(200/400)≦200m²

よって340m²

　　C：　30×200×50％＝3,000万円

　　B：340×　15×80％＝4,080万円

　　　減額合計　　7,080万円

小規模宅地等の減額

	選択①	選択②
A：特定居住用宅地等	2,640	
B：特定事業用宅地等	4,800	4,080
C：貸付事業用宅地等		3,000
減額合計	7,440	7,080

結論：AとBに適用するのが有利となる。

　なお、Cの相続税評価額が224万円/m²超であると、貸付地等の特例を適用したほうが有利になります。

③ **相続税評価額が下がるように分割する**

相続税法上、土地の評価額は、相続発生時の状態ではなく、相続後の取得者ごとに、かつ、評価の単位は筆ごとではなく、利用単位ごとに行うことになっています。したがって、1つの土地を相続人間で分割することによって、土地の評価額を下げることができます（参照：第2章）。

④ **節税ができる代償分割をする**

法定相続分以上の財産を相続した人が、その代償として他の相続人に金銭などを支払う分割方法です。自宅を同居している長男に2分の1、同居していない次男に2分の1ずつ分割するより、同居している長男が自宅を全部相続するかわりに、次男に自宅の2分の1に相当する金銭を渡す代償分割したほうが相続税が少なくなります。また、相続後自宅を売却し、譲渡所得が発生しても居住用財産の特別控除3,000万円を利用できるので、税金を支払わずに土地を売却することもできます。

（2）次の二次相続を考えて分割する

二次相続では、配偶者控除の特典は適用できないので、相続税の負担が増します。そのため、二次相続の税負担が少なくなるように考えて、一次相続において遺産分割をします。例えば、特定居住用宅地等の特例が適用できる同居相続人がいる場合、一次相続では、配偶者でない同居相続人が特定居住用宅地等である自宅を相続します。また、一次相続時より二次相続時のほうが、著しく相続税評価額が高くなると見込まれる財産は、一次相続において、配偶者ではなく、若い相続人（孫も含む）に相続しておくことも、賢い遺産分割方法といえます。

(3) 分割後の収入や所得を考えて分割する

① 納税資金の捻出や金銭化が必要な相続人には、売却しやすい不動産を分割します。また、分割でもめる土地は一旦共有相続し、換金化して金銭で分割できるようにします。
② 金銭の必要な相続人には家賃収入のある不動産を分割します。
③ 近い将来居住用不動産を売却する予定であれば、居住する相続人が取得することで、3,000万円の特別控除の特例を活用できます。
④ 不動産を相続する人がその借入金等の債務についても相続するようにします。その後の借入金利息などが相続人の不動産所得の必要経費に算入されることになります。

みなし相続財産の取扱い

死亡保険金や死亡退職金は、民法上の相続財産ではありませんが、みなし相続財産として、本来の相続財産とは異なった取扱いがなされます。

① **死亡生命保険**

死亡生命保険は、契約上の受取人によって次のように取り扱われます。

受取人	民法上の相続財産になるか	受取人の取得額
個人が指定されている	含まれない	契約された金額
指定受取人が既に死亡	含まれない	指定受取人の相続人に平等
相続人（複数）	含まれない	法定相続分
被相続人	含まれる	法定相続分又は分割協議

生命保険の受取人は、通常指定されていますが、原則として、特別受益等には該当しないとされています。したがって、その保険金額が他の相続財産に比べ、著しく多額で、これを分割対象としないと相続人間の公平を著しく損なうことがなければ、指定受取人の財産とされます。上記の表でわかるように受取人が被相続人本人という場合には分割方法を協議することができます。なお、死亡生命保険には法定相続人1人当たり500万円の非課税限度額があるので、配偶者控除を適用できる配偶者ではなく、他の相続人が相続したほうが有利になります。

② 死亡退職金

　医療法人の役員が死亡された場合、死亡退職金を遺族に支給することができます。役員死亡退職金の支給は、社員総会の決議事項であり、死亡後3年以内に支給が確定したものは相続財産とみなされ、相続税の課税対象になります。死亡退職金は、生命保険金と異なり、あらかじめ契約等により受取人が決定しているものとは限りません。配偶者以外の相続人が受け取るようにすれば、法定相続人1人当たり500万円の非課税限度額を利用した節税ができます。それゆえ、役員退職規定では、受給権者を定めないようにしておくことが大切です。遺産分割の状況に応じて、相続人全員の了解のもとに受取人を指定して申入れるようにします。理事長先生等への死亡退職金は、功績倍率によって支給すると、死亡退職金は多額になり、しかも現金であるので、各相続人の納税資金に充当できるだけでなく、分割問題を解決する強い味方になります。

❹ 公益法人に寄付をする

　相続する財産を公益法人に寄付すれば、その財産には相続税がかかりません。ただし、相続開始日から相続税の申告期限までになされた寄付に限られます。公益法人には、国、地方公共団体、日本赤十字社、学校法人、公益財団法人、公益社団法人、社会福祉法人、社会医療法人などがあります。関係の深い公益法人等があれば、相続発生以前から、寄付する財産を特定し、事前の準備をしておくことも大切です。例えば、被相続人が所有している土地を社会福祉法人に使用させている場合、相続が発生した際、当該社会福祉法人に寄付する旨の遺言書があれば、寄付された土地には相続税が課税されません。ただし、財産を寄付した人又は寄付した人の親族などが寄付を受けた特定の公益法人などを利用して特別の利益を受けていないことが必要です。また、土地を寄付した本人には譲渡所得（時価と取得費等の差額に対する所得）が発生しますので、生前から準備し、相続発生後、速やかに国税庁長官から措置法40条の承認がとれるようにします。措置法40条の申請期限は、寄付日から4月以内（ただし、寄付が11月16日から12月31日までの間に行われた場合は、寄付した年分の確定申告書の提出期限まで）となっていますので、所轄税務署と連絡を密に取り進めていくことが大切です。

⑤ 持分なしの医療法人へ移行する

　平成29年の税制改正により、相続発生時持分なし医療法人への移行が認められている認定医療法人であれば、相続税の申告期限までに出資持分を放棄し、持分なし医療法人に移行すれば、出資持分に対する相続税は免除されます。また、相続税の申告期限までに認定医療法人に認定されれば、担保を提供し、相続税の納税猶予（適用期間：平成29年10月1日〜平成32年9月30日まで）を求める相続税申告書を提出することができます。その後、移行期限までに持分なし医療法人に移行することができれば、納税猶予は免除されます。なお、遺言書に持分なし医療法人への移行とそれに伴う持分放棄（寄付）の意思が記載されていれば、相続発生後の社員総会で、持分なし医療法人への移行を決議し、相続税申告期限までに全出資持分者が持分を放棄すると、「出資持分を所有する者がいない法人」になるため、税法上は、持分なし法人として取り扱われます。したがって、相続人には、出資持分に対する相続税は課税されません。ただし、認定制度を選択しない場合は、税法の非課税要件を満たしていない医療法人が相続人に代わって、相続税や贈与税を支払うことになります。

5. 持分なしの医療法人へ移行する

認定制度の流れ

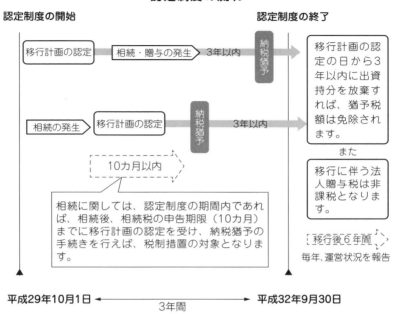

（厚生労働省　ホームページより）

6 3年以内の土地売却で取得費加算を利用する

　相続税は原則として金銭で一括納付することになっています。しかし、納付する金銭がないため土地や建物を売却し納税資金を作る場合もあります。通常、土地を売却した際には、売却益に対して譲渡所得税等が課税されます。しかし、不動産の売却益に課税されるとなると、手取金額が少なくなり、納税者にとって大きな負担になります。そこで、相続により取得した土地や建物等を相続開始日の翌日から申告期限の翌日以後3年以内に売却した場合、相続税額のうち一定金額を譲渡資産の取得費に加算できる特例を設けていま

取得費加算

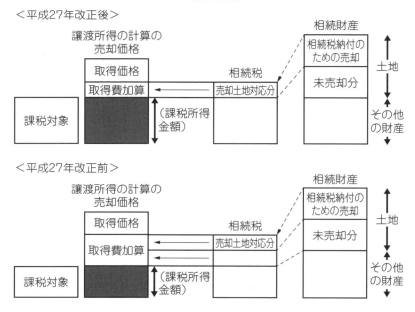

す。この特例によって、売却時の税金(譲渡所得税)が少なくなり金銭での納税がしやすくなります。平成26年の税制改正前は、相続で取得したすべての土地等に対する相続税相当額を取得費に加算することができましたが、改正によって、平成5年以前と同様に、売却した土地に対する相続税相当分しか取得費に加算することができなくなりました。土地を多く所有する院長先生には、厳しい改正となったわけです。しかし、この特例は土地を売却する目的は問わないので、納税を現金で済ませた後、取得費加算の特例によって譲渡に伴う税金を軽減して、同族会社に売却したり、別の不動産に組み換えたりすることができます。なお、この特例は、相続税の納付が発生する相続人が売却する土地を取得することで適用できるため、遺産分割の際に、納税額と売却予定を視野に入れて遺産分割をするようにします。

設例 **土地の売却のタイミングによる税額の違い**

田中院長は、相続財産として土地8,000万円(売却予定)と預金4,000万円を相続し、相続税を3,000万円納付しました。その後、土地を9,000万円で売却しました。

土地の取得額450万円

① 3年以内に売却した場合

・取得費加算

$$\text{その者の相続税額} \times \frac{\text{その者の相続税の課税価格の計算の基礎とされた土地等の価額の合計額}}{\text{その者の相続税の課税価格} + \text{その者の債務控除額}} = \text{取得費に加算する相続税額}$$

$$3{,}000万円 \times \frac{8{,}000万円}{1億2{,}000万円} = 2{,}000万円$$

- 譲渡所得税
  (9,000万円−450万円−2,000万円)×税率20.315%
  ＝1,331万円
② 3年経過後に売却した場合
- 譲渡所得税
  (9,000万円−450万円)×税率20.315%＝1,737万円

結論：3年以内に売却することで406万円節税することができます。

第11章

事例で学ぶ医業承継対策

対策の立案とその留意点

（１）相続対策の３本の柱を常に考える

　相続対策というと、すぐに相続税の「節税」だけを考えがちになりますが、相続税対策は、相続対策の一部であることを常に留意しなければなりません。節税対策を最優先にした相続税対策は、バブル崩壊後に多くの資産家が経験したように、悲惨な結果をもたらします。過大な借入金で不動産を取得し、相続税は節税できても、その後の資金繰りで相続人が苦しんだのでは、優れた相続税対策とはいえません。相続税対策は、常に相続対策の３つの柱をバランスよく実現できる対策でなければなりません。

```
院長先生の相続対策３本柱
①　円満承継・相続
②　納税資金の確保
③　相続税の節税
```

　これらが、バランスよく実現できる対策でなければなりません。

（２）相続財産を軽減する

　相続税を軽減する対策は、２つあります。１つは、相続発生前に、相続財産そのものを相続人や医療法人等に移転（寄付や放棄含む）して少なくしておくことです。もう１つは、対策によって、所

有する財産の相続税評価額が低くなるようにすることです。つまり、対策によって、財産自体の相続税評価額を低くするか、もしくは、他の財産に組み換えることによって、相続税評価額を低くします。

また、所有する財産の評価額を下げ、移転に伴うコストを少なくしてから、相続人や医療法人等に移転するという2つの方法を同時に実現することにより相続税を軽減することができます。

相続税を軽減する対策 ┤ 所有する財産を相続人等に移転しておく
　　　　　　　　　　　└ 相続税評価額を低くする ┤ 財産自体を低くする
　　　　　　　　　　　　　　　　　　　　　　　　└ 組み換えで低くする

（3）対策と実行時期を検討する

対策を実現する方法としては、時間をかけて少しずつ目的を実現していく方法と、ある時点で、一気に目的を実現する方法の2つの方法があります。例えば、病医院の土地を承継者に贈与する場合、一気に実現すれば、多額の贈与税が発生するため、長期計画に基づき、承継者に毎年贈与してくことが必要とされます。一方、医療法人の出資持分は、医療法人の経営が順調であると、その評価額は毎年大幅に増大していくため、承継者への移転に時間をかけすぎると、移転が困難になってしまいます。そのため、相続税評価額が極めて少なくなるよう対策を行い、相続税評価額が急落した時点を見計らい、その時点で一気に移転しなければなりません。

（4）資金繰り予測を固めにすること

実施した相続税対策によって、資金繰りが悪化し、経営や院長先生の生活が資金繰りで窮するようでは、適正な相続税対策とはいえません。環境が変わっても、経営や生活が著しく悪化しない相続税対策を選択しなければなりません。

2 事例紹介

　税理士法人アフェックスが、これまでに手がけた医業承継対策を基にこれまで培ってきたノウハウの一部をご紹介いたします。

> **事例1　もめそうな相続を回避して円満相続**
>
> 　個人医院の山本院長には、医師の長男と会社員の次男の2人の相続人がいます。兄弟の仲が昔から悪く、院長に相続が発生すると遺産分割でもめることは明白です。医師の長男は、診療所から近いので、診療所と自宅を相続したいと思っています。次男は、医療資産を長男が相続することには不満はないが、預貯金・有価証券8,000万円しか相続できないのであれば、あまりにも不公平であるので、遺留分減殺請求をするつもりです。そこで、次男は、長男が院長を被保険者に、保険金1億円の生命保険に加入し、保険金を代償分割の財産に充てるのはどうかと提案してきました。
>
> 【第一次　代償分割案】　　　　　　　　　　　　　　　（単位：万円）
>
> | 相続財産 | 相続税評価額 | 長　男 | 次　男 |
> |---|---|---|---|
> | 診療所敷地 | 12,000 | 12,000 | |
> | 診療所建物 | 3,000 | 3,000 | |
> | その他の医療資産 | 6,000 | 6,000 | |
> | 自　　宅 | 7,000 | 7,000 | |
> | 預貯金・有価証券 | 8,000 | | 8,000 |
> | 保険金の現金 | | △10,000 | 10,000 |
> | 合　　計 | 36,000 | 18,000 | 18,000 |

> しかし、長男は一時所得の税金が課税される上、生命保険料の負担が大きいということで渋っています。

≪解決策≫

　医療法人を設立し、診療所建物とその他の医療資産を医療法人に移しました。相続財産のうちでもウエイトの高い診療所敷地は、医療法人と院長先生の間で50年間の定期賃貸借契約をし、遺言で長男に相続させることにしました。改めて相続財産の分割を提案したところ、次男は預金・有価証券8,000万円とは別に現金1億円を相続できれば、満足であるということで承諾してくれました。そこで、医療法人を契約者、山本院長を被保険者として生命保険に加入し、院長に相続が発生した場合には、医療法人に支払われる保険金を原資に、次男に死亡退職金を相続させることにしました。その結果、長男は、自分自身が支払う保険料は要らなくなりました。

[ポイント]

① 医療法人化によって、医療資産とその他の財産を明確に区分させ、医療資産は個人的な財産ではなく、その他の財産が遺産分割の対象になるという考え方で遺産分割の協議をします。

② 代償分割は、それなりの意義がありますが、保険料の支払いや一時所得の課税問題があるので、もっと負担の少ない方法がないかを考えます。

③ 生命保険料が損金になるメリットを生かし、医療法人を活用して遺産分割のための資金（死亡退職金）を捻出します。

> **事例2** 改築資金は高齢でも被相続人が負担する
>
> 　田中院長は高齢ですが、ご子息の医師と個人診療所を経営しています。敷地400m²に建つ診療所建物は、築30年を過ぎ、かなり老朽化して、耐震性にも問題があります。そこで、この度、診療所を2億円で新築し、医療器械等の医療設備も1億円で最新のものを導入することになりました。
>
> 　銀行は、この際、大先生は高齢であるので、大先生と若先生の共同で総額3億円の融資契約を勧めています。

≪解決策≫

　建物の相続税評価額は、固定資産税評価額とされ、建築費の6割位です。医療器械等の医療設備の相続税評価額は、簿価（帳簿価額）としても特に問題ありません。借入金の残高は25年後にゼロになるようにして、定額で減少する契約にしました。例えば、6年後に相続が発生すると、建物の相続税評価額は1.2億円（2億円×60％＝1.2億円）、医療器械等の簿価はほとんどがゼロになっています。借入金残高は2億2,800万円となっていますので、大先生自身が融資を受け設備投資をすれば、差引1億800万円（2億2,800万円－1.2億円＝1億800万円）のマイナス財産が生じることになります。その分、大先生の課税遺産総額を削減させることができます。大先生の借入金は、若先生が実質的に返済していくことになります。一方、若先生と共同契約にすると、生じるマイナス財産額は、2分の1の5,400万円（1億800万円×1/2＝5,400万円）になります。したがって、若先生が連帯保証人になっても、あくまで大先生1人で融資を受け、設備投資をしたほうが相続税上、有利になります。

相続税評価額

	資　産	借　入　金	純資産額
投資時	建物　　　　2億円 医療器械　　1億円	3億円	
	計　　　　　3億円	3億円	0
6年後	建物　　　　1.2億円 医療器械　　0	2億2,800万円	
	計　　　　　1.2億円	2億2,800万円	△1億800万円

［ポイント］

① 大先生が融資を受け、その借入金の返済を実質的に若先生がしていても、贈与税など課税関係は発生しません。

② 借入金の名義が大先生1人であれば、連帯保証人が若先生であっても、大先生の相続財産から借入金全額を控除することができます。

③ 建物や医療機器の相続税評価額は、設備投資金額と大幅に違うことを利用して節税することができます。

事例3　即効力のある高層マンションの取得

　高橋院長は、悪性腫瘍の発見が遅れ、余命がいくばくもないことが判明しました。相続人は一人息子の医師の武雄さんだけですが、担保能力や返済能力に問題がないので、銀行は、いつでも納税資金は融資しますと言っています。しかし、相続税額を試算すると予想以上に多額になるため、何かいい方法がないかと悩んでいました。

≪解決策≫

　相続人は武雄さん1人ですので、武雄さんの長男を院長先生の養子にして法定相続人を2人としました。その結果、基礎控除が増え、また、財産が2分されるので、相続税が大幅に軽減されます。高層にある部屋は眺望がよいため販売価格が高く、競争倍率も高く、人気があります。眺望の良さは平成29年度の改正があったもののほとんど相続税評価額に反映されないため、時価と相続税評価額の差額が大きく発生します。院長は、銀行から融資を受け、都心の高層高級マンションを2億円（土地14m²、借地権割合80％、相続税評価額4,000万円、建物の相続税評価額6,000万円）で購入し、月額30万円で賃貸することにしました。院長の相続財産は4億円でしたが、この2つの対策で、相続税は次のようになりました。

（対策前）

　課税遺産額：40,000 −（3,000 + 600 × 1）= 36,400万円

　納税額：36,400 × 50％ − 4,200 = 14,000万円

（対策後）

　賃貸高層マンション（借家割合30％）

　　土地の評価額：4,000 ×（1 − 80％ × 30％）= 3,040万円

　　　　　　　　　3,040 × 50％ = 1,520万円

　　※　小規模宅地等の特例（貸付不動産）を適用すると、さらにその50％を控除することができます。

　　建物の評価額：6,000 ×（1 − 30％）= 4,200万円

　よって、5,720万円

　　高層マンションを購入したことにより、相続財産が1億4,280万円削減されました。

　　相続税評価額　5,720万円　◀──▶　借入金　2億円

　　相続財産の削減　△1億4,280万円

相続財産：40,000＋(1,520＋4,200)－20,000＝25,720万円
　　　　　　（高層マンション）（借入金）

相続税の計算

　課税価格：25,720－(3,000＋600×2)＝21,520万円

　武雄さんの税金：21,520×1/2＝10,760

　　　　　　　　　10,760×40％－1,700＝2,604万円

　孫：2,604万円×1.2＝3,124.8万円

　相続税合計：5,728.8万円

結論：対策によって、8,271.2万円（14,000－5,728.8＝8,271.2）の節税が実現しました。

なお、平成30年度税制改正で、相続開始前3年超にわたり事業的規模で貸付事業をしていないと、相続開始前3年以内に取得した土地等に対しては50％減額の特例が適用できないことに留意のこと。

[ポイント]

① 即効力のある相続税対策は、養子を取ることです。税法では、実子が1人の場合、養子1人を法定相続人に、実子がいない場合は、養子2人を法定相続人にすることができます。ただし、危篤状態で本人に意識がないのに養子縁組をした場合には租税回避ととられ認められません。

② 高層マンションの部屋を貸付けもしくは本人の居住用に供することによって、小規模宅地等の特例を適用すると、大きな節税ができます。ただし、直前対策の場合、被相続人本人の意思で購入していることを立証できる資料等（DVD等）を作成しておくようにします。

③ 高層マンションは高額であるので、購入資金を借入金で全額賄うと、賃貸料だけでは借入金の返済ができません。このよう

なときは、自己資金を入れ、賃貸料で借入金の返済が賄えるようにします。

> **事例4　二次相続まで見据えた相続税対策**
>
> 　高橋院長は、診療所兼自宅の不動産と隣町に駐車場を所有しております。相続人は、妻、副院長の長男、そして将来開業を考えている勤務医の次男の3人です。診療所は長男が相続し、隣町の駐車場は次男の開業地として次男に相続させたいと思っています。子供たちは、配偶者控除がない二次相続の税金の負担が心配でした。

≪解決策≫

一次相続の相続財産と分割案　　　　　　　　　　　　（単位：万円）

相続財産	評価額	妻	長男	次男
診療所財産	20,000	10,000	10,000	
駐車場	16,000	6,000		10,000
現預金・有価証券等	22,000	13,000	4,500	4,500
合計	58,000	29,000	14,500	14,500

　二次相続を考えて、一次相続では、換金性の高い財産はできるだけ配偶者に相続させ、二次相続で、息子たちが納税資金で困らないように分割します。同時に、一次相続で、不動産を相続した息子たちが納税資金で困らないように、換金性のある相続財産を相続させることも必要です。そのため、一次相続では上記のように、妻は、診療所の敷地を長男と、駐車場を次男と共有相続して、配偶者控除を目一杯利用できる遺産分割（遺産総額の50％）をしました。

＜一次相続＞

58,000 − (3,000 + 600 × 3) = 53,200

妻： 53,200×1/2＝26,600

26,600×45％－2,700＝9,270万円

配偶者控除後の税金　ゼロ

長男：53,200×1/4＝13,300

納税額　13,300×40％－1,700＝3,620万円＜4,500万円（現預金・有価証券等）

次男：納税額　3,620万円＜4,500万円（現預金・有価証券等）

※　長男も次男も相続した現預金等（各4,500万円）から相続税（各3,620万円）を支払うことができます。

＜二次相続＞

妻である母親は、院長から相続した財産のみとします。

二次相続の相続財産と分割案　　　　　　　　　（単位：万円）

相続財産	評価額	長男	次男
診療所財産	10,000	10,000	
駐車場	6,000		6,000
現預金・有価証券	13,000	4,500	8,500
合計	29,000	14,500	14,500

相続財産：

29,000－(3,000＋600×2)＝24,800

長男：　24,800×1/2＝12,400

12,400×40％－1,700＝3,260万円＜4,500万円

（現預金・有価証券等）

次男：　納税額　3,260万円＜8,500万円（現預金・有価証券等）

※　二次相続でも長男も次男も相続した現預金等から相続税（各3,260万円）を支払うことができます。

[ポイント]

① 節税のためには配偶者控除を限度額まで利用することが大切です。しかし、相続財産の分割を間違えると、二次相続で相続人が納税資金を賄えなくなることがあります。

② 二次相続では配偶者控除がないので、一次相続で換金性の高い相当の財産を配偶者に相続させます。

③ 承継したい財産は、一次相続、二次相続を通じて相続できればよいので、各相続人が納税資金を賄えるように、一次相続と二次相続の分割を考えます。

事例5　死亡退職金で出資持分を下げる

医療法人甲の小山理事長は、30年前、法人設立時に法人を契約者、被保険者を理事長、保険金受取人を法人とした保険金3億円の長期平準型の生命保険に加入しました。この度、理事長が死去されましたが、相続人は長男と長女の2人で、相続財産は次のとおりです。

(単位：万円)

相続財産	相続税評価額
診療所不動産	6,000
医療法人の出資持分	8,000（純資産価額）
自宅等の不動産	10,000
現預金・有価証券	12,000
その他の財産	4,000
合　　計	40,000

承継者である長男は、多額の相続税を少なくするために、出資持分評価額を下げたいと考えています。

2. 事例紹介

≪解決策≫

　院長先生の葬儀を法人葬儀にすることで、かかった経費は医療法人の損金にします。また、亡くなられた理事長の直近の報酬は月額250万円でしたので、死亡退職金は、功績倍率3倍とすると、妥当な退職金は22,500万円（250×30×3＝22,500）、弔慰金は報酬の6ヶ月分とすると1,500万円計上します。さらに、法人葬儀費用として1,000万円かかったので、合計で2.5億円が損金に計上できました。

　一方、入金される保険金3億円のうち、半分の1.5億円が収入に計上されるため、差引1億円（1.5－2.5＝△1）が損失になり、出資持分の評価額はゼロ（8,000－10,000＝△2,000）になります。死亡退職金には、退職金控除が相続人1人当たり基礎控除500万円ありますので、合計課税価額は53,500万円（40,000－8,000＋(22,500－500×2)＝53,500）となります。

　よって、相続税は下記のようになります。

課税遺産総額：53,500－(3,000＋600×2)＝49,300
長男の納税額：49,300×1/2＝24,650
　　　　　　　24,650×45％－2,700＝8,392.5万円
長女の納税額：8,392.5万円
相続税総額：16,785万円
現金・有価証券の総額：12,000＋22,500（退職金）＋1,500（弔慰金）
　　　　　　　　　　＝36,000万円

医療法人で多額の生命保険をかけていたので、納税資金に困らず、安心して相続を乗り切ることができました。

［ポイント］

① 医療法人を設立したら、できるだけ早急に生命保険をかけ、功績倍率で算定した退職金が満額支給できるように財源を確保

しておくことが大切です。
② 持分ありのクリニック医療法人では、死亡退職金を支給すれば、出資持分の相続税評価額がマイナスになるように、役員給与を決め経営をしていくことが大切です。

> **事例6** 繰越欠損金を利用した病院敷地の借地権贈与
>
> 　医療法人千代田会は、大規模な設備投資をしたため、ここ数年大幅な赤字が続いており、繰越欠損金の累計額は6億円になっています。一方、病院建物は医療法人が所有していますが、病院の敷地は理事長先生個人の所有になっており、無償返還の届出をしています。病院敷地の時価は8億円（相続税評価額6億円）で、地域の借地権割合は70％です。理事長先生は、病院敷地に対する相続税を大変心配していました。

《解決策》

　病院敷地は第三者に売却できない上、医療法人千代田会は大規模投資に伴う借入金の返済もあるので、土地を医療法人に売却することも難しい状態にありました。医療法人に多額の繰越欠損金があったので、土地の無償返還の届出を撤回し、病院敷地の借地権5.6億円（8億円×70％＝5.6億円）を医療法人に贈与しました。そうすると、医療法人に受贈益5.6億円が発生しますが、6億円の欠損金があるので相殺しても益金が発生しません（5.6億円－6億円＝△0.4億円）。また、この取引によって、理事長先生には何ら税金が課税されることはありません。その結果、理事長先生個人が所有する病院敷地の相続税評価額は、みなし借地権控除の4.8億円（6×（1－20％）から底地だけの1.8億円（6億円×30％）となりました。すなわちこの対策によって、相続財産を3億円減らすことができました。

繰越欠損金と借地権の贈与

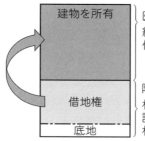

医療法人の財産
繰越欠損金　△6億円
借地権受贈益　5.6億円
　　　　　　　課税なし

院長先生の財産
相続税が底地のみにしか課税されなくなるため、相続税評価額が下がる。

[ポイント]

① 土地の無償返還に関する届出書を撤回します。

　契約を更改し、無償返還をする旨の記載を削除します。これにより借地権が発生し、その借地権を医療法人に贈与することができます。無償返還の届出書の撤回届出を、速やかに借地人等と連名で書面により所轄税務署長に提出します。また、借地権に対する無償贈与は、贈与者側には対価がないので、なんら課税関係が発生しません。受贈した医療法人側には受贈益が発生しますが、欠損金と相殺することができます。

② 持分あり医療法人の場合には、出資者に贈与税が発生しないことを事前に確認しなければなりません。

　医療法人は借地権を受贈するので、その分所有する財産が増えます。その結果、出資持分の評価額がプラスに転じると、出資者は、プラス分の財産の贈与を受けたとして、贈与税が課税されます。したがって、借地権を受贈しても出資持分の評価額がマイナスであることを確認しておかなければなりません。

事例7 納税額を抑制して持分なし医療法人へ移行

　持分ありの医療法人中央会は、ご子息が副院長として勤務していますが、理事長で院長である父親が出資持分の90％、副院長が10％を所有しているため、持分なし医療法人へ移行するタイミングを検討しています。出資金は1,000万円で、出資持分の評価額は、以下のとおりです。

　純資産価額方式による相続税評価額：
　　　　　　　　　　150,000円（額面1,000円）
　類似業種比準価額方式による相続税評価額：
　　　　　　　　　　10,000円（額面1,000円）
　医療法人の規模：純資産価額10億円、従業員数45人、総収
　　　　　　　　　入8億円。よって、中会社の中になります。
　出資持分の相続税評価額：45,000円
　（10,000×0.75＋150,000×0.25＝45,000）

　高齢の院長が退職すれば、今期の法人所得は赤字になりますが、純資産はそれほど減少しません。持分なし医療法人への移行を希望していますが、できるだけ税金を少なくする方法がないかと困惑しています。なお、グループ会社にMS法人があり、その従業員は6人です。

≪解決策≫

　医療法人中央会は、所有する土地の含み益が多額に発生しているため、純資産価額方式による相続税評価額が、類似業種比準価額方式による相続税評価額を大きく上回っています。このような場合、出資持分の評価方法が、類似業種比準価額方式のみによって算定できるようにすると大きな節税ができます。

　MS法人の従業員6人を医療法人に転籍すれば、医療法人中央会

の従業員は51人となり大法人（改正前50人超）になります。その結果、類似業種比準価額だけで、出資持分の相続税評価額を算定することができます。そうすると、出資持分の相続税評価額は10,000×10,000口＝1億円となります。さらに、高齢の理事長に退職金を支給すると、試算では、1口当たりの相続税評価額は2,000円になり、出資持分の総額は2,000万円（2,000×10,000口＝20,000,000）となります。その結果、出資持分の総額を4億5,000万円（45,000×10,000）から2,000万円に大幅に評価額を下げることができました。この時点で、院長と副院長が持分を放棄することで、少ない税負担で、持分なし医療法人へ移行することができます。

［ポイント］

① 出資持分の評価額が大幅に増大している経過措置医療法人では、医業承継を機会に、持分なし医療法人への移行を考えます。

② 同族関係者で、持分なし医療法人の経営をしていきたい場合は、医療法人の税負担ができるだけ少なくなるスキームを考えます。

③ 理事長に役員退職金を支給すると、類似業種比準価額の評価額は大幅に下がります。したがって、医療法人の規模を大法人にして、医業承継とからめて、持分なし医療法人に移行することが、有効な対策になります。

④ 役員退職金を受領すると、その分、父親の財産が増え相続税が増えることになります。持分なし医療法人への移行が決まっていれば、役員退職金を支給する前に、高い価格（事例の場合1口当たり45,000円）で、相続人の持分を父親に売却して、譲渡所得税の負担だけで、父親の財産一部を相続人に移転させることができます。

事例8　同族経営の維持と相続税からの解放

　医療法人東北会は、地方都市にある、病床数400床、職員数約800人の医療法人です。医療法人は、設立以来順調な経営を展開してきたので、理事長が所有する出資持分（所有割合95％）の相続税評価額は前年度の決算に基づくと約15億円となります。医療法人の承継は、大都会で育った長女（所有割合5％）の医師である夫がする予定になっています。しかし、高齢の理事長は、婿がこちらに来て、親族の数が役員の数の3分の1以下が要件の医療法人を運営することは、大きな重荷になると危惧し、将来も同族関係者で医療法人とMS法人を運営していきたいと希望しています。今期、多額の不良資産を処分し、決算が赤字になったことや株式市況が悪いこともあり、この機会を利用して、持分なし医療法人へ移行したいと思っています。

≪解決策≫

　直前期の決算に基づいて算定すると、出資持分の相続税評価額は、類似業種比準価額方式で総額2億円、純資産価額方式で総額8億円となります。医療法人東北会の職員数は800人であることから、法人規模が大法人であるので、出資金の相続税評価額は2億円で評価することができます。医療法人には、余剰資金が約7億円ありますが、不良資産の処理が税務否認されると、類似業種比準価額で10億円となります。出資金の相続税評価額は、基本的に申告書が税法上適正であることを前提にして算定するので、税務否認されれば、当然、相続税評価額も違ってきます。

2. 事例紹介

(単位：万円)

出 資 者	項 目	是認の場合	否認の場合
理事長 　持分割合　95％	持分評価額	1億9,000	9億5,000
	贈与税額	9,220	4億7,220
長女 　持分割合　5％	持分評価額	1,000	5,000
	贈与税額	231	2,220
贈与税額合計		9,451	4億9,440

　そこで、次のように、持分なし医療法人への移行計画を作成し、実行しました。

① 本年中に税務調査を実施するよう依頼する。
② 税務調査終了後、その結果をみて全員の出資持分を放棄する。
③ 県の医療法人担当者と持分なし医療法人への定款変更を相談する。
④ 社員総会で持分なし医療法人への定款変更を決議する。
⑤ 定款変更の認可申請をする。
⑥ 翌年3月15日の確定申告期限までに贈与税の申告書を提出する。

その結果は次のとおりでした。

① 所轄税務署の法人担当者に、税務調査を口頭で依頼したが、なかなか返事がもらえないため、税務署長に税務調査依頼の嘆願書を提出しました。提出1ヶ月後に税務調査を実施する旨の連絡がありました。
② 税務調査は、特段の税務否認もなく10月に終了したので、出資持分の相続税評価額の総額は2億円、医療法人が支払う贈与税は9,451万円と確定されました。
③ 県の医療法人担当者は、持分なし医療法人への移行を積極的

に指導・支援してくれましたので、11月に出資者全員が持分の放棄を実行し、社員総会で定款変更の決議をしました。
④ 12月に持分なし医療法人への定款変更の認可がおりました。
⑤ 医療法人は、翌年の3月10日に贈与税の確定申告と納税を完了しました。

[ポイント]
① 出資金の相続税評価額は、税務上適正と認められる税務申告書に基づいて、算出されなければなりません。したがって、税務否認されると出資金の評価額が大きく変動するような場合には、税務調査を実施してもらい、税務当局が認めた税務申告書に基づき、評価額を算出する必要があります。
② 直近事業年度の決算に基づき、出資金の評価額を算定することになるので、医療法人の決算日、持分放棄の実施日、定款変更申請日、贈与税の確定申告日など、スケジュールを立て、計画的に実行していくことが大切です。
③ 類似業種比準価額で持分を移動する場合は、その他の産業（No113）の株価が低い時期を狙って実施することが大切です。

事例9　スピーディな特定医療法人への移行で相続税から解放

持分ありの医療法人石川会（3月決算）は、病床180床、外来患者数1日当たり約600人で、毎年高い収益を上げてきました。その結果、出資持分の相続税評価額も出資金額面の100倍以上になっています。出資持分は理事長が60％、子息の3人が40％と分散されていますが、子供自身も自分たちの持分に対する諸問題について心配しています。この度、理事長に悪性腫瘍が見つかり、余命も2～3年と診断されました。

理事長の相続財産は、出資持分が約7割以上を占めており、病院敷地等の不動産は、面積は大きいものの、路線価が低いため、それほど負担にはなりません。承継者の子供たちは、理事長の持分だけでなく、病院の将来を見据えた相続対策を早急にとらなければならないと思っています。

≪解決策≫

試算したところ、課税方式で持分なしの医療法人に移行すると、理事長に死亡退職金を支給しても、医療法人に7億円近い税金が課税されることがわかりました。

そこで、特定医療法人への移行を打診したところ、家族全員が、出資持分に対する相続税から解放される上、法人税率も軽減されるので、特定医療法人への移行を賛成しました。

特定医療法人を申請するにあたり、現状のままではクリアーできない承認要件を確認しました。その結果は次のとおりです。

クリアーできていない主な要件

① 役員の給与が年間3,600万円を超えていること（現状4,800万円）。
② 室料差額ベッドの割合が30％を超えていること（現状40％）。
③ 別会社のMS法人があること。

上記の問題について、次のように対処しました。

① 長男の副院長のお子さんが、来年3月で医学部を卒業する予定であるので、卒業される来年の4月から給与を下げて、8月頃国税局との申請打合せを開始する。
② 室料差額ベッドの割合を30％以下にすると、年間約2,000万円の減収になるが、1人部屋、2人部屋の料金を若干上げることで、年間1,000万円の減収に抑えることができる。

③ 別会社を通して、特別利益が親族等に流れていないことを客観的に立証することは難しいので、MS法人は早急に解散する。

　特定医療法人の申請に対して、国税局（法人課税課）は、「特別な利益が親族に流れていないか」、「医療法人のガバナンスがしっかり機能しているか」について、厳しく調査します。そこで、調査を想定して、改善を図りました。

＜主な改善事項＞

① 給与や退職金に経営者の恣意が挟まれないよう、客観性のある給与・退職金規程に改訂した。
② 役員への貸付金や法人財産の貸与は、早急に返済してもらい、解消した。
③ 保養所の利用状況を明記し、職員が公平に使用していることがわかるようにした。
④ 通勤手当、旅費手当等を、税法基準に準拠した取扱いに改訂した。
⑤ 自家診の窓口負担金免除制度を就業規則に追加した。
⑥ 個人の財産を医療法人に貸与している場合（病院敷地の貸与）は、税法の算定基準に準拠するように改善した。

＜調査結果＞

　国税局の調査を想定して、問題点がないように準備をしていたので、大きな問題もなく2日間の調査が無事終わり、しばらくしてから担当者から電話で認定の内示が知らされました。それを受け、出資持分の放棄を書面に記載し、県知事に定款の変更を申請しました。3月の中旬頃に、国税庁から、特定医療法人の認定の通知書が届き、当事業年度期首から特定医療法人として遡ってスタートすることができました。

[ポイント]
① 認定要件のうち、どの要件が支障になるか把握することが大切です。
　支障になる要件をクリアーするための犠牲と、特定医療法人のメリットを比較して、申請の是非を検討します。
② 大切な関係官庁との事前相談
　特定医療法人の認定を取得するには、国税局、厚生局、県の医務課などの指導を仰ぎ、良好な関係を築きながら申請業務を進める必要があります。
③ 調査を想定して準備をする
　国税局の調査の視点をしっかり理解して、調査に耐えうる体制を事前に確立しておくことが大切です。

事例10　社会医療法人への移行で地域基幹病院へ

　医療法人足立会は、地域の二次救急医療を担う病院として、30年にわたって地域医療に貢献してきました。病院の経営は順調ですが、これからも金融機関からの借入金で、多額の設備投資をしていかなければなりません。借入金の返済は税引き後の余剰資金で行うことになるため、医療保健業に関わる所得が非課税になり、また、救急医療等の確保の用に供する固定資産に関わる不動産取得税や固定資産税が非課税になる社会医療法人に移行したいと考えています。

　また、医療法人足立会は、持分のある医療法人であるので、出資持分に対する相続税評価額も多額になっています。認定要件は、救急事業では、夜間救急自動車等搬送件数が年間750件以上、もしくは、時間外加算割合が20％以上とされています。理事長は、近々大規模な設備投資を行う予定があるため、

> また、相続税対策のためにも、できるだけ早急に、社会医療法人の認定を受けたいと思っています。

≪解決策≫

　社会医療法人の認定基準をクリアーしている特定医療法人が、社会医療法人になるケースが多く見られますが、一般の医療法人でも、認定要件を満たしていれば、直接、社会医療法人になることはできます。また、搬送件数等に関わる救急事業の承認要件は、毎年満たしていなくても、3年間の平均で要件を満たしていれば認められます。その他の要件は、特定医療法人の要件とほとんど同じですが、役員給与は、客観的な合理的基準があればよく、特定医療法人の年間給与3,600万円の制限規定はありません。また、持分ありの医療法人の場合、社会医療法人に移行する際、持分を放棄することになりますが、特定医療法人と同様に非課税で移行することができます。

　理事長は、今年度、搬送件数が790件になれば、認定基準を満たすことができるため、職員一同に、社会医療法人へ移行する旨と目標搬送件数を発表しました。消防機関に対しては、社会医療法人への移行と、積極的に救急患者を受け入れる旨を通知しました。目標をシンボリックに掲げたことによって、院内は活気づき、消防機関の協力もあり、搬送件数は850件と飛躍的に増大し、無事、認定基準を満たすことができました。

（参考） 初診における時間外加算適用要件
時間外加算割合　20％以上

	深夜加算	時間外特例加算	時間外加算	時間外特例加算
月～金	22時～6時	6時～8時	8時～9時	19時～22時
土				13時～22時
日曜・祭日	休　日　加　算			

病院によって診療時間帯が違うので加算も違う
時間外特例加算は、救急病院に対して適用される
時間外加算割合：（時間外加算＋時間外特例加算＋深夜加算＋休日加算）対象患者
　　　　　　　　件数÷初診患者数≧20％

　都道府県の医療法人係の担当者（他府県にまたがる医療法人の場合は、厚生労働省医政局指導課医療法人指導官）による実施調査では、救急隊が作成する「傷病者搬送通知者」の写とカルテの照合による搬送件数のチェックが主たる調査となりました。特定医療法人における国税局のような税務上の厳しいチェックはありません。特に問題もなく実施調査が終了し、医療審議会を経て、3月上旬に、社会医療法人の認定書が届き、医療法人足立会は、新年度の4月1日から社会医療法人足立会として、スタートすることができました。

［ポイント］
① 社会医療法人への移行を発表することによって、シンボリックな目標ができ、その結果、院内が活性化し、目標達成ができるようになります。
② 認定要件の5事業に対する調査は、詳細に行われますが、その他の要件調査は、国税局のような厳しさはありません。
③ 申請書類の作成は、都道府県の担当者と密接に連絡を取り、すり合わせながら進めていくことが大切です。

【監修】

税理士法人アフェックス

代表社員　町山　三郎

公認会計士・税理士・宅地建物取引士

税理士法人アフェックス

社員税理士　金子　尚貴

公認会計士・税理士・宅地建物取引士

【編著者】

税理士法人　アフェックス

「良い経営がより良い医療を実現する」

税務相談はもちろんのこと、開業支援・増患対策・医療法人化対策・相続対策・人事労務対策等病院経営を総合的にサポートしている、医療経営コンサルティングのプロフェッショナル集団。30年超の実績を持ち、全国400件以上の医療機関の経営サポートを行っている。お客様の多様なニーズにワンストップでお応えするため、グループ内に司法書士・社労士・宅地建物取引士等各分野の専門家が在籍し、チームを組んで対応。豊富な経験と組織力を活かしたサービスは、院長先生から高い評価を得ている。

〒101-0032　東京都千代田区岩本町2-18-3

Tel：03-3865-7171　Fax：03-3865-7373

URL：http://www.afexs.co.jp

主な著書

医療経営システム（共著）「財務管理論」（矢野経済研究所）

病医院経営のチェックリスト（ミクス）

医療法人の会計と税務（共著）「医業収益の会計処理」（中央

経済社）

病院経営の強化と財産形成（ぎょうせい）

よくわかるバランスシート（オーエス出版）

新時代の病医院経営と対策（上・下巻）（万有製薬）

21世紀を勝ち抜く病医院経営のノウハウ（ぎょうせい）

医療経営指標の読み方（ミクス）

医師のための医療経営指標ガイド（武田製薬）

勝ち続ける病医院の最新経営ノウハウ（ぎょうせい）

医療白書　2010（共著）（日本医療企画）

会計で経営を強化する（日本商工経済研究所）

中小企業等協同組合会計基準（共著）（第一法規）

病医院のための実践税務（税務経理協会）

これで安心、地主様の相続税対策（週刊住宅新聞社）

雑誌記事など

医師のための経営情報（山一証券）（1989.10〜1997.10）

院長のための税務相談（日経ヘルスケア21）（2001.1〜12）

成功をもたらす新規開業へのゴール（医療経営情報）（2004.8〜2005.6）

診療所経営指南（医療経営情報）（2005.10〜2006.12）

町山三郎の納得節税塾（クリニックマガジン）（2005.1〜連載中）

経営力を強化するための処方箋（ドラッグマガジン）（連載）

経営相談Q&A（商工ジャーナル）（連載）

不動産投資家のための知って得する税金塾（週刊住宅新聞社）

著者との契約により検印省略		
平成27年1月10日 初 版 発 行 平成27年4月10日 初版第2刷発行 平成30年4月10日 改訂版第1刷発行	これで安心 院長先生の医業承継と 相続税対策〔改訂版〕	
監 修 者	町 山 三 郎	
	金 子 尚 貴	
編 著 者	税理士法人アフェックス	
発 行 者	大 坪 克 行	
製 版 所	美研プリンティング株式会社	
印 刷 所	税経印刷株式会社	
製 本 所	株式会社 三森製本所	

発 行 所	東京都新宿区 下落合2丁目5番13号	株式 会社 税 務 経 理 協 会

郵便番号 161-0033　振替 00190-2-187408　電話 (03) 3953-3301 (編集代表)
　　　　FAX (03) 3565-3391　　　　　　　　(03) 3953-3325 (営業代表)
　　　　URL http://www.zeikei.co.jp/
　　　　乱丁・落丁の場合はお取替えいたします。

　　　Ⓒ 税理士法人アフェックス　2018　　　　　Printed in Japan

本書の無断複写は著作権法上の例外を除き禁じられています。複写される場合は、そのつど事前に、㈳出版者著作権管理機構（電話 03-3513-6969，FAX03-3513-6979, e-mail：info@jcopy.or.jp）の許諾を得てください。

JCOPY ＜㈳出版者著作権管理機構 委託出版物＞

ISBN978-4-419-06523-2　C3034